KB067004

바로
도움이 되는

동시통역
중국어
회화

JPLUS

동시통역 중국어 회화

개정판2쇄 2024년 8월 20일

발행인 이기선

발행처 제이플러스

주소 경기도 고양시 덕양구 향동로 217 KA1312

영업부 02-332-8320 **편집부** 02-3142-2520

홈페이지 www.jplus114.com

등록번호 제 10-1680호

등록일자 1998년 12월 9일

ISBN 979-11-5601-238-2

ⓒ JPLUS 2008, 2023

이 책은 출장이나 여행 등으로 중국에 가게 됐을 때, 꼭 필요한 회화를 상황별로 찾아보기 쉽게 만든 여행용 회화책입니다.

중국 사람들끼리도 평생을 공부해도 잘 알지 못하는 것이 중국어라고 합니다. 중국인들도 어려워하는 중국어를 외국인으로서 정확히 구사한다는 것은 상당히 어려운 일이겠지요. 쉬운 내용부터 자신감을 가지고 말하는 것이 중요한 것 같습니다.

효과적으로 이 책을 활용하시는 방법으로는 어떤 내용들이 들어있는지 미리 한번 훑어보기를 권해 드립니다. 그리고 자신에게 꼭 필요하겠다고 생각되는 부분은 표시를 해 두는 것도 좋겠지요.

이 책의 특징은 우리말 뜻을 먼저 제시하고, 중국어와 발음을 달아한결 찾아보기 쉽게 구성한 것과, 간단하지만 중국에 가게 되었을 때 꼭 필요한 여행 정보와 장면별 회화를 같이 묶어 실전 응용력을 높이도록 한 것입니다. 발음은 중국어를 처음 접하는 분들도 쉽고 편하게 따라할 수 있도록 최대한 중국어의 원음과 비슷하게 우리말로 표기해 두었습니다.

정확한 발음은 수록된 음원QR로 확인할 수 있습니다.

부록의 "급할 때 찾아 쓰는 유용한 한마디"나 "급할 때 찾아쓰는 비즈니스 한마디", "한중미니사전"도 많이 활용하시기 바랍니다.

끝으로 이 책이 필요할 때 꼭 도움이 되는 회화책이 되기를 바라며, 달라지는 중국 사정, 정보 등은 앞으로도 수정 보완해 나갈 것을 약속드립니다.

편집부

3

서바이벌

기내

공항

교통

호텔

🍴 식사

🛍 쇼핑

📷 관광

☎ 우체국 · 전화

💥 트러블

🪧 귀국

생생미니여행정보

 필수 어휘

 부록

바로
도움이 되는

동시통역
중국어
회화

중국에서 가장 많이 쓰는 말

이건 알고 갑시다!

喂!
여보세요!

여러 가지 상황에서 쓰이는 이 말은 식당이나 호텔이나 길거리에서나 모르는 사람을 부를 때, 전화 받을 때 등 가장 편리하게 쓸수 있는 말이다.

谢谢。
고마워요!

간단한 감사의 표현을 전할 때 쓰는 말이다. 감사의 마음을 더 강하게 전하고 싶을 때는 '非常感谢(Fēicháng gǎnxiè).'라고 하면 된다.

不客气。
괜찮습니다.

'谢谢(Xièxie).'라는 말을 들었을 때 '괜찮습니다' '천만에요'라는 뜻으로 대답할 때 쓰는 말. '不要客气(Búyàokèqi).'나 '不用谢(Búyòngxiè).'로 바꿔 쓸 수 있다.

칭
Qǐng~

请~
부탁합니다.

가장 간단하게 부탁이나 요구를
할 때 쓰는 말이다. '请(qǐng)+무
엇'만으로도 '~을 해 주시겠습니
까?' '~을 해 주십시오.' 등의 의
미를 표현할 수 있다.

워 찌아오
Wǒ jiào
진 쩐 시유
Jīn zhēnxiù.

我 叫 金真秀。
제 이름은 김진수입니다.

자기 이름을 소개할 때 많이 쓰는
표현이다.

스
Shì.

부스
Búshì.

是。 / 不是。
예. / 아니오.

'是(Shì)。'/ '不是(Búshì)。'는 꼭
기억해 두도록 하자.

해외여행의 기본 필수품

☐	여권·비자(복사본도 준비)	☐	항공권
☐	현지 통화	☐	휴대폰페이(위챗페이, 알리페이)
☐	신용카드	☐	국제 학생증(학생의경우)
☐	국제 운전 면허증	☐	예비용 사전이나 언어앱
☐	카메라	☐	필기도구
☐	보조 배터리	☐	가이드북·지도·회화책

꼭 가져가야 하는 여행 준비물

☐ 칫솔·치약·수건·비누

☐ 화장품·빗·면도기

☐ 생리용품·자외선 차단 크림

☐ 비상약·손톱깎기

☐ 접는 우산·모자·바람막이

☐ 투명 지퍼백

☐ 양말·스타킹

☐ 작은 가방

☐ 티슈·손수건

☐ 반짇고리

☐ 멀티어댑터(전압 확인)

☐ 여행용 자물쇠

☐ 비상용 마스크

"중국 여행시에는 위챗 앱을
다운받아 두면 편리해요."

꼭 필요한 **짐 꾸미는 요령** (배낭여행의 경우)

❶ 배낭 : 여행용 배낭으로는 슈트 케이스처럼 완전히 펼쳐 놓을 수 있는 것이 편하다. 또 주머니가 많은 배낭은 물건을 분류해서 넣기는 좋지만, 도난의 위험도 있으므로 밖으로 튀어나온 주머니에는 귀중품을 넣지 말 것. 배낭은 끈 부분이 중요하므로 어깨에 무리를 주지 않고 바느질이 튼튼한 것을 고른 다. 가이드북이나 자주 꺼내봐야 하는 것을 위해 작은 배낭도 준비한다.

❷ 조그만 자물쇠 : 배낭의 지퍼를 달고 자물쇠로 지퍼가 열리지 않도록 잠가 두면 도난사고를 미리 막을 수 있다.

❸ 옷 : 여행하는 계절과 여행할 지역에 맞춰 점퍼 한 벌, 긴소매 남방 1~2벌, 티셔츠 2~3벌, 바지 2벌, 양말 2~3켤레, 속옷 몇 가지 정도로 가볍게 가져 간다. 부피가 크지 않은 카디건이나 바람막이도 요긴하다.

간단한 선물이라면 이런 것 어때요?

❶ 김(1회용 포장된 것이 좋다. 마른 김도 좋지만 구운 김은 중국에서도 인기.) ❷ 라면(한국의 라면은 세계 어디서나 인기!) ❸ 마스크팩 ❹ K-pop 가수의 굿 즈 ❺ 액세서리·공예품 ❻ 미용비누 ❼ 양말 ❽ 과자나 믹스커피

남자	여자
호텔에 일회용면도기가 있는 곳도 있지만, 만일을 대비해 준비해 가는 것이 좋다. 짧은 출장이라면 필요한 만큼 셔츠를 준비하고, 기간이 긴 경우는 호텔의 드라이클리닝서비스를 이용하는 것도 짐을 줄이는 한 방법.	의외로 스타킹을 준비하지 않는 경우가 많은데 한국에서 사가는 것이 여러모로 편리하고 경제적이다. 우리나라 스타킹은 품질도 좋으니까, 간단한 선물용으로도 O.K.! 드라이어는 전원을 확인하고 짐이 너무 많아지지 않도록 화장품도 조금씩 덜어서 가져가는 것이 요령.

11

인사하기

① 안녕하세요! (아침인사)

----

② 안녕하세요! (낮인사)

----

③ 안녕하세요! (저녁인사)

----

④ 당신을 알게 되어 매우 기쁩니다!

----

⑤ 만나서 반갑습니다!

----

⑥ 안녕히 주무세요!

----

⑦ 조심해서 가십시오!

----

⑧ 안녕히 가세요! (또 봐요!)

----

⑨ 잠시 후에 만나요.

----

⑩ 내일 만나요!

서바이벌

① 자오 상 하오
早上 好!
Zǎoshang hǎo!

② 시아 우 하오
下午 好!
Xiàwǔ hǎo!

③ 완 상 하오
晚上 好!
Wǎnshang hǎo!

④ 런 스 닌 헌 까오 씽
认识 您 很 高兴!
Rènshi nín hěn gāoxìng!

⑤ 찌엔따오 닌 헌 까오 씽
见到 您 很 高兴!
Jiàndào nín hěn gāoxìng!

⑥ 완 안
晚 安!
Wǎn'ān!

⑦ 만 저우
慢 走!
Màn zǒu!

⑧ 짜이 찌엔
再 见!
Zài jiàn!

⑨ 이 후 얼 찌엔
一会儿 见。
Yìhuìr jiàn.

⑩ 밍 티엔 찌엔
明天 见!
Míngtiān jiàn!

13

대답하기

❶ 예.

❷ 아니오.

❸ 알겠습니다.

❹ 예, 부탁합니다!

❺ 죄송하지만, 이미 있습니다. (거절할 때)

❻ 예, 그렇습니다.

❼ 아니오, 아닙니다.

❽ 그렇습니까?

❾ 물론입니다!

❿ 다시 한번 말씀해 주십시오.

① 스
是。
Shì.

② 부 스
不是。
Búshì.

③ 쯔 다오 러
知道 了。
Zhīdao le.

④ 하오 빠이투어 닌 러
好, 拜托 您 了!
Hǎo, bàituō nín le!

⑤ 뚜이부 치 워 이 징 여우 러
对不起, 我 已经 有 了。
Duìbuqǐ, wǒ yǐjīng yǒu le.

⑥ 스 스 더
是, 是的。
Shì, shìde.

⑦ 뿌 부스
不, 不是。
Bù, búshì.

⑧ 스 마
是 吗?
Shì ma?

⑨ 땅 란
当然!
Dāngrán!

⑩ 칭 닌 짜이 수어 이 비엔
请 您 再 说 一遍。
Qǐng nín zài shuō yíbiàn.

15

❶ 안녕하세요!

❷ 저는 김진수입니다.

❸ 처음 뵙겠습니다, 잘 부탁드립니다.

❹ 서울에서 왔습니다. / 저는 한국인입니다.

❺ 저는 학생 / 기자 / 의사 / 화가입니다.

❻ 업무차 출장 왔습니다.

❼ 사업차 왔습니다.

❽ 중국은 이번이 처음(두 번째, 세 번째)입니다.

❾ 만나서 반갑습니다.

❿ 이쪽은 제 아내와 아이입니다.

서바이벌

① 니 하오
你 好!
Nǐ hǎo!

② 워 찌아오 진 쩐시유
我 叫 金 真秀。
Wǒ jiào Jīn Zhēnxiù.

③ 추 츠 찌엔미엔 칭 뚜어 꾸안짜오
初次 见面, 请 多 关照。
Chūcì jiànmiàn, qǐng duō guānzhào.

④ 워 스 총 서우얼 라이 더 　 워 스 한구어런
我 是 从 首尔 来的。/ 我 是 韩国人。
Wǒ shì cóng Shǒu'ěr láide. 　 Wǒ shì Hánguórén.

⑤ 워 스 쉬에셩 　 지저 　 이셩 　 화 지아
我 是 学生 / 记者 / 医生 / 画家。
Wǒ shì xuésheng jìzhě yīshēng huàjiā.

⑥ 워 스 라이 추 차이 더
我 是 来 出差的。
Wǒ shì lái chūchāide.

⑦ 워 스 라이 쭈어 셩 이 더
我 是 来 做 生意的。
Wǒ shì lái zuò shēngyide.

⑧ 워 스 띠 이 얼 싼 츠 라이 쭝 구어
我 是 第一(二, 三)次 来 中国。
Wǒ shì dì yī èr, sān cì lái Zhōngguó.

⑨ 찌엔따오 닌 헌 까오 씽
见到 您 很 高兴!
Jiàndào nín hěn gāoxìng!

⑩ 워 더 타이타이 라오 포 　 허 하이 즈
我的 太太(老婆) 和 孩子。
Wǒde tàitai lǎopo hé háizi.

17

말걸기와 되묻기

① 여보세요! / 여기요! (식당이나 길거리 등에서 사람을 부를 때)

② 저, 말 좀 물을게요.

③ 김선생님. (사람을 부를 때)

④ 누구 계세요? (상점에 아무도 없을 때)

⑤ 한 번 더 말씀해 주세요.

⑥ 좀 천천히 말씀해 주세요.

⑦ 무슨 뜻이죠?

⑧ 죄송하지만, 잘 모르겠어요.

⑨ 네? 뭐라구요? (말을 못 알아들었을 때)

⑩ 알아듣지 못했습니다.

서바이벌

웨이
❶ 喂!
Wèi!

시엔 성 샤오지에 칭 원 이 시아
❷ 先生 / 小姐, 请问 一下。
Xiānsheng Xiǎojie, Qǐngwèn yíxià.

진 시엔 성
❸ 金 先生。
Jīn xiānsheng.

여우 런 마
❹ 有人 吗?
Yǒu rén ma?

칭 닌 짜이 수어 이 비엔 바
❺ 请 您 再 说 一遍 吧。
Qǐng nín zài shuō yíbiàn ba.

칭 닌 만 디엔 수어 바
❻ 请 您 慢点 说 吧。
Qǐng nín màndiǎn shuō ba.

선 머 이 쓰
❼ 什么 意思?
Shénme yìsi?

뚜이 부 치 워 부 즈 따오
❽ 对不起, 我 不知道。
Duìbuqǐ, wǒ bùzhīdào.

선 머
❾ 什么?
Shénme?

팅 부 동
❿ 听 不懂。
Tīng budǒng.

❶ 고맙습니다.

❷ 대단히 감사합니다.

❸ 여러 가지로 감사합니다.

❹ 수고하셨습니다.

❺ 잘 먹었습니다. / 배부르게 잘 먹었습니다.

❻ 뭐라 감사해야 할지 모르겠습니다.

❼ 지난번엔 정말 고마웠습니다.

❽ 과찬이십니다.

❾ 천만에요.

❿ 고맙기는요.

① 시에시에
谢谢。
Xièxie.

② 페이 창 간 시에
非常 感谢。
Fēicháng gǎnxiè.

③ 뚜어시에 러
多谢 了。
Duōxiè le.

④ 씬 쿠 러
辛苦 了。
Xīnkǔ le.

⑤ 츠 하오 러　　츠 바오 러
吃好 了。/ 吃饱 了。
Chīhǎo le.　　Chībǎo le.

⑥ 뿌 즈따오 까이 전 머 간 시에
不 知道 该 怎么 感谢。
Bù zhīdào gāi zěnme gǎnxiè.

⑦ 상 츠 타이 간 시에 니 러
上次 太 感谢 你 了。
Shàngcì tài gǎnxiè nǐ le.

⑧ 부 간 땅
不 敢当。
Bù gǎndāng.

⑨ 나 리 나 리
哪里 哪里。
Nǎli nǎli.

⑩ 시에 선 머 너
谢 什么 呢。
Xiè shénme ne.

사과와 대답

① 실례합니다.

② 죄송해요. / 미안합니다.

③ 기다리시게 해서 죄송합니다.

④ 괜찮아요.

⑤ 염려하지 마세요. / 걱정마세요.

⑥ 안심하세요.

⑦ 조심하세요.

⑧ 어떠세요? 문제가 있습니까?

⑨ 문제 없어요, 좋아요.

⑩ 죄송합니다만, 잠시만 기다려 주십시오.

서바이벌

다 라오 이 시아
❶ 打扰 一下。
Dǎrǎo yíxià.

뿌 하오 이 쓰 / 뚜이 부 치
❷ 不好 意思。/ 对不起。
Bùhǎo yìsi. Duìbuqǐ.

뿌 하오 이 쓰 랑 니 지우 덩 러
❸ 不好 意思, 让 你 久等 了。
Bùhǎo yìsi, ràng nǐ jiǔděng le.

메이 꾸안 시
❹ 没 关系。
Méi guānxi.

비에 딴 신
❺ 别 担心。
Bié dānxīn.

니 팡 신 바
❻ 你 放心 吧。
Nǐ fàngxīn ba.

칭 닌 땅 신
❼ (请 您) 当心。
Qǐng nín dāngxīn.

전 머 양 여우 원 티 마
❽ 怎么 样? 有 问题 吗?
Zěnme yàng? Yǒu wèntí ma?

메이 원 티 하오 러
❾ 没 问题, 好 了。
Méi wèntí, hǎo le.

뿌 하오 이 쓰 칭 사오 덩
❿ 不好 意思, 请 稍等。
Bùhǎo yìsi, qǐng shāoděng.

23

❶ 들어가도 됩니까?

❷ 여기에서 담배를 피워도 됩니까?

❸ 여기에서 사진을 찍어도 됩니까?

❹ 전화를 써도 됩니까?

❺ 여기에 앉아도 됩니까?

❻ 잠깐만요, 금방 돌아오겠습니다.

❼ 잠깐만요. (기다리게 할 때)

❽ 네, 좋아요.

❾ 안 됩니다.

❿ 불(라이터) 좀 빌릴 수 있습니까?

🎧 MP3 01-7

서바이벌

① 커 이 진 취 마
可以 进去 吗?
Kěyǐ jìnqù ma?

② 짜이 쩌 얼 커 이 초우이엔 마
在 这儿 可以 抽烟 吗?
Zài zhèr kěyǐ chōuyān ma?

③ 짜이 쩌 얼 커 이 파이 짜오피엔 마
在 这儿 可以 拍 照片 吗?
Zài zhèr kěyǐ pāi zhàopiàn ma?

④ 커 이 용 띠엔화 마
可以 用 电话 吗?
Kěyǐ yòng diànhuà ma?

⑤ 커 이 쭈어 쩌 얼 마
可以 坐 这儿 吗?
Kěyǐ zuò zhèr ma?

⑥ 덩 이 후얼 마 상 꾸어라이
等 一会儿, 马上 过来。
Děng yíhuìr, mǎshàng guòlái.

⑦ 덩 이 후얼 덩 이 시아
等 一会儿。 / 等 一下。
Děng yíhuìr. Děng yíxià.

⑧ 하오 더
好的。
Hǎode.

⑨ 뿌 싱
不行。
Bùxíng.

⑩ 용 이 시아 다 후어지 커 이 마
用 一下 打火机 可以 吗?
Yòng yíxià dǎhuǒjī kěyǐ ma?

25

긴급사태

❶ 거기 누구 있나요? 살려 주세요!

❷ 됐어요! / 그만둬요!

❸ 도둑이야!

❹ 경찰을 불러 주세요!

❺ 불이야!

❻ 문 열어 주세요!

❼ 구급차를 불러 주세요!

❽ 제 가방이 보이지 않아요.

❾ 지갑을 잃어버렸어요.

❿ 다쳤어요.

서바이벌

① 여우 런 마 찌우밍 아
有 人 吗? 救命 阿!
Yǒu rén ma? Jiùmìng a!

---

② 수안 러 부 야오 러
算 了! / 不要 了!
Suàn le!   Búyào le!

---

③ 시아오 토 얼
小 偷儿!
Xiǎo   tōur!

---

④ 칭 빵 워 피아오 징 차
请 帮 我 叫 警察!
Qǐng bāng wǒ jiào jǐngchá!

---

⑤ 자오후어 러
着火 了!
Zháohuǒ le!

---

⑥ 칭 카이 먼   카이 먼
请 开 门! / 开 门!
Qǐng kāi mén!   Kāi mén!

---

⑦ 빵 워 찌아오 찌우 후 처 바
帮 我 叫 救护车 吧!
Bāng wǒ jiào jiùhùchē ba!

---

⑧ 워 더 빠오 부 지엔 러
我的 包 不见 了。
Wǒde bāo bújiàn le.

---

⑨ 워 더 치엔빠오 띠우 러
我的 钱包 丢 了。
Wǒde qiánbāo diū le.

---

⑩ 워 서우샹 러
我 受伤 了。
Wǒ shòushāng le.

27

영	0	零	líng
일	1	一	yī
이	2	二	èr
삼	3	三	sān
사	4	四	sì
오	5	五	wǔ
육	6	六	liù
칠	7	七	qī
팔	8	八	bā
구	9	九	jiǔ
십	10	十	shí
십일	11	十一	shíyī
십이	12	十二	shí'èr
십삼	13	十三	shísān
십사	14	十四	shísì
십오	15	十五	shíwǔ
십육	16	十六	shíliù
십칠	17	十七	shíqī
십팔	18	十八	shíbā
십구	19	十九	shíjiǔ

이십	20	二十	èrshí
삼십	30	三十	sānshí
사십	40	四十	sìshí
오십	50	五十	wǔshí
육십	60	六十	liùshí
칠십	70	七十	qīshí
팔십	80	八十	bāshí
구십	90	九十	jiǔshí
백	100	一百	yìbǎi
천	1,000	一千	yìqiān
만	10,000	一万	yíwàn
십만	100,000	十万	shíwàn
백만	1,000,000	百万	bǎiwàn
천만	10,000,000	千万	qiānwàn
일억	100,000,000	一亿	yíyì
이분의 일	1/2	两分之一	liǎngfēnzhīyī
10퍼센트	10%	10/100	bǎifēnzhīshí
20퍼센트	20%	20/100	bǎifēnzhī'èrshí
50퍼센트	50%	50/100	bǎifēnzhīwǔshí
달러	$	美元	Měiyuán

29

1. 비행기를 탄 후에는

> 请问! 我的 座位 在 哪里?
> Qǐngwèn! Wǒde zuòwèi zài nǎli?
> 제 자리는 어디입니까?

승무원의 안내를 받아 비행기에 오르면, 먼저 자신의 탑승권에 적힌 좌석 번호를 찾아 앉는다. 비행기 안에서 필요한 소지품을 빼두고는 가방은 선반이나 의자 밑에 넣어 정리한다. 선반에 짐을 넣을 때는 뒤따라 들어와 좌석을 찾는 승객에게 방해가 되지 않도록 주의한다. 만약 일행과 떨어져 앉게 되었다거나 빈 자리가 있다고 해서 마음대로 옮겨 앉는 것은 곤란하다. 승무원에게 부탁해 양해를 얻는 것이 좋다. 정리가 끝나면, 좌석에 앉아 안전 벨트를 맨다.

2. 기내 서비스

> 我要咖啡。
> Wǒ yào kāfēi.
> 커피 주세요.

기내에서는 식사 · 주류 · 각종 청량음료와 음악 · 영화 상영 등이 무료로 서비스되며 기내지를 비롯한 국내외 일간지와 잡지 등은 승무원에게 부탁하면 빌려 볼 수 있다. 중국 국적 항공기는 서울에서 출발시에만 한국신문이 제공된다.

3. 기내 화장실 이용하기

卫生间 在 哪里?
Wèishēngjiān zài nǎli?
화장실은 어디입니까?

비행기 안의 화장실은 남녀 공용이며, 앞쪽과 중간, 뒤쪽으로 나뉘어 여러 개가 있다. 착륙하기 전에 특히 붐비므로 다음 사람을 위하여 사용 시간을 되도록 짧게 하고 조용히 줄을 서서 기다린다. 비행기의 이착륙 때에는 화장실을 사용할 수 없으며, 갑작스런 기류변화 등으로 안전 벨트를 매라는 사인이 들어오면 곧 바로 좌석으로 돌아가야 한다.

기내 표시

洗手间/卫生间	xǐshǒujiān / wèishēngjiān	화장실
有人	yǒurén	사용중
无人	wúrén	비었음
禁止抽烟	jìnzhǐchōuyān	금연
系安全带	jì ānquándài	안전벨트 착용
清洁袋	qīngjiédài	위생봉투
安全出口	ānquánchūkǒu	비상구
头等仓	tóuděngcāng	1등석
公务仓	gōngwùcāng	비즈니스석
经济仓	jīngjìcāng	일반석

자리찾기

❶ 죄송하지만, 제 자리는 어디입니까?

----

❷ 잠깐 지나가겠습니다.

----

❸ 여기는 제 자리인 것 같은데요.

----

❹ 여기에 짐을 두어도 괜찮습니까?

----

❺ 사용법을 가르쳐 주세요.

----

❻ 안전벨트 매는 법을 가르쳐 주십시오.

----

❼ 의자를 뒤로 약간 젖혀도 됩니까?

----

❽ 죄송하지만, 저랑 자리 좀 바꿔 주실 수 있을까요?

🌐 word

❶ 座位 zuòwèi 자리, 좌석
❷ 让一下 ràngyíxià 비켜 주세요
❹ 行李 xíngli 짐

∩ MP3 02-1

기
내

❶ 칭 원 워 더 쭈어웨이 짜이 나 알
请问, 我的 座位 在 哪儿?
Qǐngwèn, wǒde zuòwèi zài nǎr?

❷ 랑 워 꾸어 취 이 시아
让 我 过去 一下。
Ràng wǒ guòqù yíxià.

❸ 쩌 리 하오시양 스 워 더 쭈어웨이
这里 好像 是 我的 座位。
Zhèli hǎoxiàng shì wǒde zuòwèi.

❹ 바 싱 리 팡 짜이 쩌 리 커 이 마
把 行李 放 在 这里 可以 吗?
Bǎ xíngli fàng zài zhèli kěyǐ ma?

❺ 칭 찌아오 워 스 용 팡 파
请 教 我 使用方法。
Qǐng jiāo wǒ shǐyòngfāngfǎ.

❻ 칭 찌아오 워 전 머 지 안 취엔따이
请 教 我 怎么 系 安全带。
Qǐng jiāo wǒ zěnme jì ānquándài.

❼ 바 카오뻬이 왕 호우 이 디엔 커 이 마
把 靠背 往后 一点 可以 吗?
Bǎ kàobèi wǎnghòu yìdiǎn kěyǐ ma?

❽ 마 판 닌 허 워 환 쭈어웨이 커 이 마
麻烦 您, 和 我 换 座位 可以 吗?
Máfan nín, hé wǒ huàn zuòwèi kěyǐ ma?

---

❺ 使用方法 shǐyòngfāngfǎ 사용 방법

❻ 安全带 ānquándài 안전 벨트

❼ 靠 kào 기대다, 의지하다

33

기내 서비스 이용하기

❶ 실례지만, 화장실은 어디입니까?

❷ 한국어를 할 수 있는 분 계십니까?

❸ 무엇을 마시겠습니까?

❹ 커피(맥주, 생수) 주세요.

❺ 아니요, 됐어요. (안 마실 때 정중히 거절)

❻ 한 잔 더 주시겠어요?

❼ 한국 신문은 있습니까?

❽ 이 이어폰은 고장났어요.

🌐 word

❶ 卫生间 wèishēngjiān / 洗手间 xǐshǒujiān 화장실
❷ 韩语 Hányǔ 한국어 / 汉语 Hànyǔ 중국어
❹ 矿泉水 kuàngquánshuǐ 생수 / 可乐 kělè 콜라

기내

칭 원　웨이 셩 지엔　짜이　나 알
❶ 请问, 卫生间 在 哪儿?
Qǐngwèn wèishēngjiān zài nǎr?

쩌 리　여우메이여우　후이수어　한 위 더
❷ 这里 有没有 会说 韩语的?
Zhèli yǒuméiyǒu huìshuō Hányǔde?

닌　허 디엔 선 머
❸ 您 喝 点 什么?
Nín hē diǎn shénme?

워　야오　카 페이　피 지우　쾅 취엔수이
❹ 我 要 咖啡(啤酒, 矿泉水)。
Wǒ yào kāfēi píjiǔ, kuàngquánshuǐ.

시에시에　부 용　러
❺ 谢谢, 不用 了。
Xièxie, búyòng le.

짜이 라이　이 뻬이　커 이　마
❻ 再 来 一杯, 可以 吗?
Zài lái yìbēi, kěyǐ ma?

여우　한 구어　빠오 즈　마
❼ 有 韩国 报纸 吗?
Yǒu Hánguó bàozhǐ ma?

쩌 거　얼 지　화이 러
❽ 这个 耳机 坏 了。
Zhège ěrjī huài le.

啤酒 píjiǔ 맥주
❼ 报纸 bàozhǐ 신문 / 杂志 zázhì 잡지
❽ …坏了 huàile …이 고장나다

35

기내 식사 주문하기

❶ 뭘로 드시겠습니까?

❷ 음료는 뭘로 드릴까요?

❸ 크림과 설탕이 필요하십니까?(커피를 주문할 때)

❹ 크림(설탕)을 주세요.

❺ 필요없습니다.

❻ 술은 됐습니다.

❼ 하나 더 주실 수 있을까요?

❽ 다 드셨습니까?

 word

❹ 奶精 nǎijīng 크림, 프림
　 糖 táng 설탕
❻ 酒 jiǔ 술

36

① 您 要 吃 什么?
닌 야오 츠 선 머
Nín yào chī shénme?

② 您 想 喝 点 什么 饮料?
닌 시앙 허 디엔 선 머 인 랴오
Nín xiǎng hē diǎn shénme yǐnliào?

③ 要不要 奶精 和 糖?
야오 부 야오 나이 징 허 탕
Yàobuyào nǎijīng hé táng?

④ 要 奶精(糖)。
야오 나이 징 탕
Yào nǎijīng táng.

⑤ 不 要。
뿌 야오
Bú yào.

⑥ 不 喝 酒。
뿌 허 지우
Bù hē jiǔ.

⑦ 再 来 一个 好 吗?
짜이 라이 이 거 하오 마
Zài lái yíge hǎo ma?

⑧ 吃 完了 吗?
츠 완 러 마
Chī wánle ma?

---

⑦ 再来 … zàilái …을 더 주세요

⑧ …完了吗 wánlema 끝났습니까?

몸이 아플 때는

❶ 속이 불편합니다.

❷ 머리가 아파요.

❸ 열이 약간 있습니다.

❹ 열이 납니다.

❺ 비행기 멀미인 것 같습니다.

❻ 토할 것 같습니다.

❼ 차가운 물 한 잔만 주세요.

❽ 좀 괜찮아졌습니다.

🌐 word

❶ 不舒服 bùshūfu 안 좋다
❸ 烧 shāo 열
※ 感冒 gǎnmào 감기

뚜 즈 뿌 수 푸
❶ 肚子 不 舒服。
Dùzi bù shūfu.

토우 텅
❷ 头疼。
Tóuténg.

여우디엔 사오
❸ 有点 烧。
Yǒudiǎn shāo.

파 사오 러
❹ 发烧 了。
Fāshāo le.

워 윈 지 러
❺ 我 晕机 了。
Wǒ yùnjī le.

워 시앙 오우 투
❻ 我 想 呕吐。
Wǒ xiǎng ǒutù.

칭 게이 워 이 뻬이 량 수이
❼ 请 给 我 一杯 凉水。
Qǐng gěi wǒ yìbēi liángshuǐ.

하오 러
❽ 好 了。
Hǎo le.

---

❺ 晕机 yùnjī 비행기 멀미

❽ 好了 hǎole (기분, 상태가) 좋아지다

기
내

기내판매 이용 및 입국카드 작성

❶ 기내에서 면세품 판매를 합니까?

❷ 면세품 카탈로그를 보여 주세요.

❸ 담배 있습니까?

❹ 이것은 얼마입니까?

❺ 카드로 지불해도 됩니까?

❻ 입국카드 좀 주세요.

❼ 입국카드는 어떻게 작성합니까?

❽ (기입 후에)이렇게 하면 됩니까?

🌐 word

❶ 免税品 miǎnshuìpǐn 면세품
❷ ⋯给我看 gěiwǒkàn ⋯을 보여 주세요
❺ 信用卡 xìnyòngkǎ 신용카드

🎧 MP3 02-5

기내

❶ 페이 지 상 커 이 마이 미엔수이 핀 마
飞机上 可以 买 免税品 吗?
Fēijī shang kěyǐ mǎi miǎnshuìpǐn ma?

❷ 칭 게이 워 칸 이 시아 미엔수이 핀 지에사오서우 처
请 给 我 看 一下 免税品 介绍手册。
Qǐng gěi wǒ kàn yíxià miǎnshuìpǐn jièshàoshǒucè.

❸ 여우 시앙이엔 마
有 香烟 吗?
Yǒu xiāngyān ma?

❹ 쩌 거 뚜어사오 치엔
这个 多少 钱?
Zhège duōshao qián?

❺ 커 부 커 이 용 신용 카 푸 치엔
可不可以 用 信用卡 付钱?
Kě bu kě yǐ yòng xìnyòngkǎ fùqián?

❻ 게이 워 이 장 루 징 카
给 我 一张 入境卡。
Gěi wǒ yìzhāng rùjìngkǎ.

❼ 전 머 티엔 루 징 카
怎么 填 入境卡?
Zěnme tián rùjìngkǎ?

❽ 쩌 양 커 이 마
这样 可以 吗?
Zhèyàng kěyǐ ma?

---

❼ 入境卡 rùjìngkǎ 입국카드

怎么填 zěnmetián 어떻게 작성합니까?

填 tián 기입하다

41

한 개	一个	yíge
두 개	两个	liǎngge
세 개	三个	sānge
네 개	四个	sìge
다섯 개	五个	wǔge
여섯 개	六个	liùge
일곱 개	七个	qīge
여덟 개	八个	bāge
아홉 개	九个	jiǔge
열 개	十个	shíge
몇 개	几个	jǐge

한 명	一个人	yígerén
두 명	两个人	liǎnggerén
세 명	三个人	sāngerén
네 명	四个人	sìgerén
다섯 명	五个人	wǔgerén

여섯 명	六个人	liùgerén
일곱 명	七个人	qīgerén
여덟 명	八个人	bāgerén
아홉 명	九个人	jiǔgerén
열 명	十个人	shígerén
몇 명	几个人	jǐgerén

봄	春天	chūntiān
여름	夏天	xiàtiān
가을	秋天	qiūtiān
겨울	冬天	dōngtiān
초순, 상순	上旬	shàngxún
중순	中旬	zhōngxún
하순	下旬	xiàxún
상반기	上半期	shàngbànqī
하반기	下半期	xiàbànqī
사계절	四季	sìjì
계절	季节	jìjié

생생미니여행정보

1. 입국절차

비행기에서 내려 도착하면 다음과 같은 순서로 입국심사가 진행된다.

> **검역** ▸ **입국심사** ▸ **짐 찾기** ▸ **세관검사**

❶ 검역 : 공항에 도착하여 비행기에서 내려서 제일 먼저 해관코드 큐알을 보여주어야 한다. 공항에 여권, 지문 간단검사/ 자동등록 기계가 있는데 지문을 등록하면 확인증이 나온다. 중국공항에는 건강신고서가 따로 비치되어 있지 않다. 휴대폰에 위챗을 설치하고, 출국 전날에 미리 건강신고서를 앱으로 작성하여 QR 이미지를 저장해두었다가 기계에 대면 된다. (바코드 유효시간 24시간)

* **해관코드(海关QR. Green Health Code)란?**
중국 정부가 전염병을 관리하고 예방하기 위해 도입한 시스템 중 하나로 여행자의 건강 상태와 COVID-19 관련 정보를 나타내는 QR 코드 형태를 말한다. 중국 출입국 시 모두 필요하다. 중국에 도착하기 전에 인터넷 또는 관련 앱을 통해 발급해야 한다.

❷ 입국심사 : 검역이 끝나면 외국인이라고 표시되어 있는 입국심사대로 간다. 입출국신고서와 비자가 든 여권을 제시하면 비자 체크 후 여권을 돌려 준다. 입국심사 시 주의할 점은 반드시 자기가 어디에서 묵을 것인지 종이로 된 입국신고서에 적어야 하며 숙소가 결정이 되지 않을 경우라도 숙박예정 호텔 혹은 이전에 묵었던 호텔을 적어두어야 한다. 중국 입국카드는 양면으로 한쪽 면은 중국어, 한쪽 면은 영어로 되어 있는데 이는 내국인과 외국인을 구별하기 위한 것이며 어떤 외국인이든 반드시 영어로 된 면에 영어로 작성을 해야 한다.

❸ 짐찾기 : 입국심사를 마치면 턴테이블이 여러 개일 경우 자신이 타고 온 배나 비행기의 편명이 적힌 곳에서 기다렸다가 짐을 찾는다. 이때 여행가방이 비슷한 경우 바뀔 염려가 있으므로 자세하게 확인한다. 자신의 가방임을 확인할 수 있는 표시를 해두면 가방이 바뀌는 것을 대비할 수 있다.

❹ 세관심사 : 주로 질문하는 것은 신고할 것이 있는가와 식료품을 가지고 있는가 등이다. 일반관광객이면 녹색 줄 쪽으로 가라고 지시하기 때문에 검사 없이 그대로 통과할 수 있다. 신고할 것이 있거나 커다란 화물을 가지고 있으면 빨간 줄 쪽으로 가라고 지시하며 그곳에서 화물검사를 받는다. 과세대상의 물건은 세관신고서에 상세히 기입하면 세관의 직원이 신고서에 세액을 계산하여 적고 스탬프를 찍어서 돌려 주면, 세관 바로 뒤쪽에 있는 납세 카운터에 가서 세금을 납부한다.

2. 공항에서 시내로 가는 방법

❶ 공항 리무진 버스 : 짐이 많은 경우에는 짐칸이 따로 있는 리무진 버스가 편리하다.

❷ 택시 : 역시 가장 편리한 교통수단은 택시. 하지만 택시 기사 중에는 영어에 익숙한 사람은 거의 없으므로, 행선지 이름을 한자로 적어 보여 주는 것이 좋다.

❸ 셔틀버스 : 대형 고급호텔에서는 대부분 운행하고 있으므로 호텔 예약할 때 알아두면 편리하다.

❹ 시내버스 : 중국의 어느 공항이든 시내의 주요부분으로 들어가는 2~3개의 버스노선이 있으며 약간의 중국말을 할 수 있다면 시내버스를 타고 가는 것이 시간은 좀 걸리겠지만 비용을 아낄 수 있다.

연세 범위
· 담배류 : 6개월 미만 체재-20갑, 6개월 이상-30갑
· 주류 : 6개월 미만-2병, 6개월 이상-4병 (단, 1병은 750cc를 넘지 않아야한다.)
· 전자제품 : 카메라 1대, 무비카메라, 라디오, 시계, 비디오 등. 단, 출국시에 가지고 나오는 것이 조건이다.

⊘ 수입금지품
· 무기, 탄약, 중국정부에 반하는 인쇄물, 무선송신기, 촬영이 끝나고 프린트 하지 않은 필름, 모든 과일, 토마토, 가지, 알, 붉은 고추 등

입국 심사

❶ 여권을 보여 주세요.

❷ 중국은 처음 오시는 것입니까?

❸ 중국에 오신 목적은 무엇입니까?

❹ 여행 왔습니다. / 출장 왔습니다.

❺ 어디서 묵을 예정입니까?

❻ 북경 국제호텔입니다. / 상해 홍교호텔입니다.

❼ 며칠간 머무를 예정입니까?

❽ 일주일입니다.

word

❶ 护照 hùzhào 여권
❸ 目的 mùdì 목적
❹ 旅游 lǚyóu 여행

46

🎧 MP3 03-1

1 칭 게이 워 칸 이 시아 후 짜오
请 给 我 看 一下 护照。
Qǐng gěi wǒ kàn yíxià hùzhào.

2 닌 스 띠 이 츠 라이 쭝 구어 마
您 是 第一次 来 中国 吗?
Nín shì dì yī cì lái Zhōngguó ma?

3 닌 라이 쭝 구어 더 무 띠 스 선 머
您 来 中国的 目的 是 什么?
Nín lái Zhōngguóde mùdì shì shénme?

4 워 스 라이 뤼 여우 더　　워 스 라이 추 차이 더
我 是 来 旅游的。 / 我 是 来 出差的。
Wǒ shì lái lǚyóude. 　Wǒ shì lái chūchāide.

5 니 다 쑤안 쭈 나 알
你 打算 住 哪儿?
Nǐ dǎsuàn zhù nǎr?

6 쭈 베이징 구어 지 판 띠엔　　쭈 상 하이 홍 치아오 삔 관
住 北京 国际饭店。 / 住 上海 虹桥宾馆。
Zhù Běijīng guójì fàndiàn. 　Zhù Shànghǎi hóngqiáo bīnguǎn.

7 니 야오 쭈 지 티엔
你 要 住 几 天?
Nǐ yào zhù jǐ tiān?

8 이 거 씽 치　　이 거 리 빠이
一个 星期。 / 一个 礼拜。
Yíge xīngqī. 　Yíge lǐbài.

---

⑤ 住 zhù 머물다, 체류하다

⑥ 饭店 fàndiàn / 大酒店 dàjiǔdiàn / 宾馆 bīnguǎn 호텔

⑧ 一个星期 yígexīngqī 일주일 / 两个星期 liǎnggexīngqī 2주일

47

❶ 여권을 보여 주세요.

❷ 신고할 물건이 있습니까?

❸ 있습니다.

❹ 없습니다.

❺ 가방을 열어서 보여 주십시오.

❻ 이것은 무엇입니까?

❼ 노트북입니다.

❽ 친구에게 줄 선물입니다.

🌐 word

❷ 申报 shēnbào 신고하다

❼ 手提电脑 shǒutídiànnǎo
笔记本电脑 bǐjìběndiànnǎo 노트북

🎧 MP3 03-2

① 칭 게이 워 칸 닌 더 후짜오
请 给 我 看 您的 护照。
Qǐng gěi wǒ kàn nínde hùzhào.

② 여우메이여우 야오 선빠오 더 똥 시
有没有 要 申报的 东西?
Yǒuméiyǒu yào shēnbàode dōngxi?

③ 여우
有。
Yǒu.

④ 메이여우
没有。
Méiyǒu.

⑤ 칭 다 카이 빠오 칸 이 시아
请 打开 包 看 一下。
Qǐng dǎkāi bāo kàn yíxià.

⑥ 쩌 스 선 머
这 是 什么?
Zhè shì shénme?

⑦ 쩌 스 서우 티 띠엔나오
这 是 手提电脑。
Zhè shì shǒutí diànnǎo.

⑧ 게이 펑 여우 더 리 우
给 朋友的 礼物。
Gěi péngyoude lǐwù.

공항

---

⑧ 朋友 péngyou 친구
礼物 lǐwù 선물

49

짐 찾기

❶ 짐 찾는 곳은 어디입니까?

❷ 짐이 안 나왔습니다.(짐이 보이지 않습니다.)

❸ 어떤 짐입니까?

❹ 커다란 가죽 가방입니다.

❺ 수하물 보관증을 갖고 있습니까?

❻ 죄송하지만, 잃어버렸습니다.

❼ 짐을 찾으면 전화해 주십시오.

❽ 예, 그렇게 하지요.

🌐 word

❶ 提取 tíqǔ 받다, 수취하다
❹ 皮包 píbāo 가죽 가방

❶ 请问, 在 哪儿 提取 行李?
칭 원 짜이 나 알 티 취 싱 리
Qǐngwèn, zài nǎr tíqǔ xíngli?

❷ 我的 行李 找不到 了。
워 더 싱 리 자오부따오 러
Wǒde xíngli zhǎobudào le.

❸ 什么样的 行李 呢?
선 머 양 더 싱 리 너
Shénmeyàngde xíngli ne?

❹ 大的 皮包。
따 더 피 빠오
Dàde píbāo.

❺ 您 有 行李牌 吗?
닌 여우 싱 리 파이 마
Nín yǒu xínglipái ma?

❻ 不好 意思, 我 弄丢 了。
뿌 하오 이 쓰 워 농 띠우 러
Bùhǎo yìsi, wǒ nòngdiū le.

❼ 找到了 我的 行李, 请 您 给 我 打 电话 吧。
자오따오 러 워 더 싱 리 칭 닌 게이 워 다 띠엔화 바
Zhǎodàole wǒde xíngli, qǐng nín gěi wǒ dǎ diànhuà ba.

❽ 好的。
하오 더
Hǎode.

---

❺ 行李牌 xínglipái 수하물 보관증(baggage tag)

❻ 弄丢 nòngdiū 분실하다, 잃어버리다

공항 로비에서

❶ 택시 타는 곳은 어디입니까?

❷ 버스 타는 곳은 어디입니까?

❸ 이 호텔에는 어떻게 갑니까?

❹ 시내까지는 얼마나 걸립니까?

❺ 공항버스는 어디서 탑니까?

❻ 공중전화는 어디에 있습니까?

❼ 화장실은 어디에 있습니까?

❽ 고궁은 어떻게 갑니까?

🌐 word

❶ 出租车 chūzūchē 택시
❷ 公共汽车 gōnggòngqìchē 버스
车站 chēzhàn 정류장

52

∩ MP3 03-4

공항

① 짜이 나 알 쭈어 추 주 처
在 哪儿 坐 出租车?
Zài nǎr zuò chūzūchē?

② 짜이 나 알 쭈어 꽁 꽁 치 처
在 哪儿 坐 公共汽车?
Zài nǎr zuò gōnggòngqìchē?

③ 따오 쩌 지아 판 띠엔 전 머 저우
到 这家 饭店 怎么 走?
Dào zhèjiā fàndiàn zěnme zǒu?

④ 따오 스 리 야오 뚜어 창 스 지엔
到 市里 要 多长 时间?
Dào shìli yào duōcháng shíjiān?

⑤ 짜이 나 알 쭈어 지 창 빠스
在 哪儿 坐 机场巴士?
Zài nǎr zuò jīchǎngbāshì?

⑥ 꽁 용 띠엔 화 짜이 나 알
公用电话 在 哪儿?
Gōngyòngdiànhuà zài nǎr?

⑦ 웨이 성 지엔 짜이 나 알
卫生间 在 哪儿?
Wèishēngjiān zài nǎr?

⑧ 따오 꾸 꽁 전 머 저우
到 故宫 怎么 走?
Dào Gùgōng zěnme zǒu?

---

❹ 市里 shìli 시내

❺ 机场巴士 jīchǎngbāshì 공항버스

❻ 公用电话 gōngyòngdiànhuà 공중전화

53

환전

❶ 은행은 어디에 있습니까?

❷ 환전은 어디서 할 수 있습니까?

❸ 환전하고 싶습니다.

❹ 달러를 인민폐로 바꾸고 싶습니다.

❺ 여행자용 수표를 현금으로 바꿔 주세요.

❻ 수수료는 얼마입니까?

❼ 환율은 얼마입니까?

❽ 이곳에 사인을 해 주십시오.

word

❷ 换钱 huànqián 환전하다

❺ 旅行支票 lǚxíngzhīpiào 여행자용 수표

❻ 手续费 shǒuxùfèi 수수료

MP3 03-5

공항

❶ 인 항 짜이 나 알
银行 在 哪儿?
Yínháng zài nǎr?

❷ 짜이 나 알 커 이 환 치엔
在 哪儿 可以 换钱?
Zài nǎr kěyǐ huànqián?

❸ 워 시앙 환 치엔
我 想 换钱。
Wǒ xiǎng huànqián.

❹ 워 시앙 바 메이진 환 청 런민삐
我 想 把 美金 换成 人民币。
Wǒ xiǎng bǎ Měijīn huànchéng Rénmínbì.

❺ 칭 바 뤼 씽 즈 피아오 환 청 시엔 찐
请 把 旅行支票 换成 现金。
Qǐng bǎ lǚxíngzhīpiào huànchéng xiànjīn.

❻ 서우 쉬 페이 뚜어사오 치엔
手续费 多少 钱?
Shǒuxùfèi duōshao qián?

❼ 뚜이 환 뤼 뚜어사오
兑换率 多少?
Duìhuànlǜ duōshao?

❽ 칭 닌 짜이 쩌 얼 치엔 쯔
请 您 在 这儿 签字。
Qǐng nín zài zhèr qiānzì.

---

❼ 兑换率 duìhuànlǜ 환율

❽ 签字 qiānzì 사인하다

환승

① 환승 카운터는 어디입니까?

② 몇 번 게이트로 가면 됩니까?

③ 탑승은 몇 시부터입니까?

④ 대합실은 어디에 있습니까?

⑤ 다른 항공편이 있습니까?

🌐 word

① 中转柜台 zhōngzhuǎn guìtái 환승 카운터

② 登机口 dēngjīkǒu 출구, 게이트

③ 登机 dēngjī 탑승하다

쫑 쭈안 꾸이타이 짜이 나 알
❶ **中转 柜台 在 哪儿?**
Zhōngzhuǎn guìtái zài nǎr?

따오 지 하오 떵 지 코우
❷ **到 几号 登机口?**
Dào jǐhào dēngjīkǒu?

총 지 디엔 카이스 떵 지
❸ **从 几点 开始 登机?**
Cóng jǐdiǎn kāishǐ dēngjī?

호우 지 스 짜이 나 알
❹ **候机室 在 哪儿?**
Hòujīshì zài nǎr?

여우메이여우 비에 더 항 빤
❺ **有没有 别的 航班?**
Yǒuméiyǒu biéde hángbān?

---

❹ **候机室 hòujīshì** 대합실, 대기실

1월	一月	yīyuè
2월	二月	èryuè
3월	三月	sānyuè
4월	四月	sìyuè
5월	五月	wǔyuè
6월	六月	liùyuè
7월	七月	qīyuè
8월	八月	bāyuè
9월	九月	jiǔyuè
10월	十月	shíyuè
11월	十一月	shíyīyuè
12월	十二月	shí'èryuè
이 달	这个月	zhègeyuè
다음 달	下个月	xiàgeyuè
지난 달	上个月	shànggeyuè
몇 월	几月	jǐyuè
며칠	几号	jǐhào

요일

월요일	星期一	xīngqīyī
화요일	星期二	xīngqī'èr
수요일	星期三	xīngqīsān
목요일	星期四	xīngqīsì
금요일	星期五	xīngqīwǔ
토요일	星期六	xīngqīliù
일요일	星期天 / 礼拜天	xīngqītiān / lǐbàitiān
무슨 요일	星期几	xīngqījǐ

주

지지난 주	上上星期	shàngshàngxīngqī
지난 주	上星期	shàngxīngqī
이번 주	这星期	zhèxīngqī
다음 주	下星期	xiàxīngqī
다다음 주	下下星期	xiàxiàxīngqī
평일	平日	píngrì
주말	周末	zhōumò

생생미니여행정보

1. 중국의 멋을 느낄 수 있는 **열차 여행**

● 중국의 기차와 고속철
중국에서는 기차를 화차(火车 huǒchē)라고 한다. 이 열차는 시속60km이며 대부분은 디젤 기관차이다. 한국의 KTX에 해당하는 고속열차는 'CRH'(China Railway High-Speed)가 있다. 시속 250km 이상으로 넓은 땅 만큼 세계에서 가장 긴 고속철도 노선망을 가지고 있다고 알려져 있다. 高速铁路라고도 부르고 줄여서 高铁(gāotiě)라고도 부른다. 중국의 고속철은 G, D, C 등급으로 나누어진다. 가장 빠른 열차는 G등급으로 속도 300km/h 이상, D등급은 250km/h, C등급은 200~250km/h이다.

● 다양한 열차의 종류
중국의 열차에는 종류가 다양해 특쾌(特快 tèkuài), 직쾌(直快 zhíkuài), 시교(市郊 shìjiāo), 보객(普客-pǔkè), 유(游-yóu) 등이 있다. 이 중에서 특쾌와 직쾌는 장거리를 운행하는 것이고, 쾌객과 보객은 중·단거리를 운행하는 열차이다. 시교는 중심시의 교외지역을 오가는 것으로 운행시간은 두 시간 안팎이다. 유는 주로 관광객을 실어나르는 것으로 노선은 그리 많지 않다. 이중에서 여행자들은 주로 특쾌나 고속철을 많이 이용한다.

중국에서 열차 이용할 때 이것만은 알아두세요!

· **열차를 놓쳤을 때** : 다른 열차편으로 빨리 알아본다. 하지만 타려고 했던 차가 출발한지 두 시간이 지나지 않았다면 새 기차표로 교환이 가능하다.

· **열차표를 반환해야 하는 경우** : 출발시간 24시간 전에는 10%의 수수료를 제하고 환불을 해준다. 특쾌를 제외한 열차의 경우 기차가 출발하기 전까지 열차표를 반환하면 전액이 환불된다.

· **열차의 화장실 이용** : 우리나라와 마찬가지로 열차가 움직이는 동안만 이용이 가능하다.

2. 시내에서의 이동 수단

가장 대중적인 교통수단은 자전거이고 요즘은 택시나 버스의 이용도 많이 늘고 있다.

● 지하철 : 중국어로는 '地铁 (띠티에)'라고 하며, 현재 북경, 상해, 천진, 광주, 심천에서 운행되고 있다. 개방도시 중 심으로 점차 확장해 나갈 예정이다.

● 버스 : 일반 버스와 버스 두 량이 연결된 버스, 2층 버스 등이 있다. 구간에 따라 요금을 받는다.

● 택시 : 택시를 이용할 때는 목적지를 운전사에게 확실하게 알려준 후 미터 기를 누르고 출발하는지 확인한다. 내릴 때는 반드시 영수증을 받도록 하고, 운전사의 신분증명서가 있는 택시를 골라 타는 것이 안전하다.

● 미니버스 : 관광객들이 많이 찾는 명소를 중심으로 운행하는 10~15인 정도 를 수용할 수 있는 이 버스는 일반버스보다는 비싸지만 관광을 하기에는 편 리하다.

● 자전거 : 중국은 공유자전거 시스템이 매우 잘 되어 있는 편이다. 녹색은 위챗페이, 하늘색은 알리페이로 이용가능 하다. 보통 1시간에 10元(우리나라 돈으로 약 1,500원)정 도 하는 자전거는 도시마다 요금이 조금씩 다르다. 빌릴 때 담보로 보증금을 요구하는데, 여권은 절대 맡기면 안 된다. 알리페이 미 니앱 Hello bike(공유자전거) 앱을 이용하는 법을 미리 알아두면 편리하다.

● 인력삼륜차 : 시내의 가까운 명소를 돌아볼 때 편리하 게 이용할 수 있고, 요금은 운전자와 직접 흥정을 해야 한다. 사람이 직접 끌거나 자전거를 이용한 것 이외에 도 말이나 노새, 당나귀 등이 끄는 마차도 있다.

교통

 **버스**

❶ 버스 정류장은 어디입니까?

❷ 공항버스 승강장은 어디입니까?

❸ 승차권 사는 곳은 어디입니까?

❹ 만리장성에 가고 싶은데요.

❺ 왕복 요금은 얼마입니까?

❻ 공항(북경호텔)까지 갑니까?

❼ 도착하면 가르쳐 주시지 않겠습니까?

❽ 어디에서 갈아타는 게 좋습니까?

🌐 word

❶ 车站 chēzhàn 정류장

❸ 票 piào 표, 티켓

❺ 来回 láihuí 왕복 / 单程 dānchéng 편도

62

꽁 꽁 치 처 짠 짜이 나 알
❶ 公共汽车站 在 哪儿?
Gōnggòngqìchēzhàn zài nǎr?

지 창 빠 스 처 짠 짜이 나 알
❷ 机场巴士 车站 在 哪儿?
Jīchǎngbāshì chēzhàn zài nǎr?

처 피아오 짜이 나 알 마이
❸ 车票 在 哪儿 买?
Chēpiào zài nǎr mǎi?

워 야오 취 창 청
❹ 我 要 去 长城。
Wǒ yào qù Chángchéng.

왕 판 뚜어사오 치엔 라이후이 뚜어사오 치엔
❺ 往返 多少 钱? / 来回 多少 钱?
Wǎngfǎn duōshao qián? Láihuí duōshao qián?

취 지 창 베이징 판 띠엔 마
❻ 去 机场(北京饭店) 吗?
Qù jīchǎng Běijīngfàndiàn ma?

칭 닌 따오 나 알 까오쑤 워 하오 마
❼ 请 您 到 那儿 告诉 我, 好 吗?
Qǐng nín dào nàr gàosu wǒ hǎo ma?

짜이 나 알 환 처 하오
❽ 在 哪儿 换 车 好?
Zài nǎr huàn chē hǎo?

교통

❼ 到达 dàodá 도착하다

❽ 换车 huànchē 차를 갈아타다

63

지하철 · 전철

❶ 지하철 노선표를 주십시오.

❷ 천안문 광장까지 두 장 주십시오.

❸ 동방명주에 가려면 어디서 지하철을 타야 합니까?

❹ 어느 역에서 내려야 합니까?

❺ 천안문 광장에 섭니까?

❻ 죄송하지만, 도착하면 좀 알려 주세요.

❼ 어디서 갈아타야 됩니까?

❽ 동방명주는 어느 쪽으로 나갑니까?

🌐 **word**

❶ 地铁 dìtiě 지하철

❸ 东方明珠 Dōngfāngmíngzhū 서울의 남산타워 같은 방송탑. 상해
황포강변에 있는 대표적인 관광지

① 칭 게이 워 띠티에 루 시엔 투
请 给 我 地铁 路线图。
Qǐng gěi wǒ dìtiě lùxiàntú.

② 칭 게이 워 량 짱 따오 티엔 안 먼 광 창 더 피아오
请 给 我 两张 到 天安门 广场 的 票。
Qǐng gěi wǒ liǎngzhāng dào Tiān'ānmén guǎngchǎngde piào.

③ 취 똥팡밍쭈 짜이 나 알 쭈어 띠티에
去 东方明珠 在 哪儿 坐 地铁?
Qù Dōngfāngmíngzhū zài nǎr zuò dìtiě?

④ 짜이 나 거 띠티에짠 시아 처
在 哪个 地铁站 下车?
Zài nǎge dìtiězhàn xiàchē?

⑤ 짜이 티엔안 먼 광 창 팅 마
在 天安门 广场 停 吗?
Zài Tiān'ānmén guǎngchǎng tíng ma?

⑥ 마 판 닌 따오러 까오 쑤 워 바
麻烦 您, 到了 告诉 我 吧。
Máfan nín, dàole gàosu wǒ ba.

⑦ 짜이 나 알 환 처
在 哪儿 换 车?
Zài nǎr huàn chē?

⑧ 취 똥팡밍쭈 총 나 알 추 취
去 东方明珠 从 哪儿 出去?
Qù Dōngfāngmíngzhū cóng nǎr chūqù?

④下车 xiàchē 내리다

⑤停 tíng 멈추다

장거리 열차

❶ 승차권 파는(사는) 곳은 어디입니까?

❷ 시각표 좀 보여 주시겠습니까?

❸ 편도(왕복) 표 한 장 주십시오.

❹ 북경까지는 어느 정도 걸립니까?

❺ 이 열차는 보통입니까, 급행입니까?

❻ 중간에 내릴 수 있습니까?

❼ 이 열차에 식당차는 있습니까?

❽ 어디까지 가십니까?

word

❶ 售票处 shòupiàochù 매표소
❷ 时刻表 shíkèbiǎo 시각표
❸ 往返 wǎngfǎn / 来回 láihuí 왕복

❶ 짜이 나 알 마이 마이 처 피아오

在 哪儿 卖(买) 车票?
Zài nǎr mài mǎi chēpiào?

---

❷ 칭 게이 워 칸 이 시아 스 커 비아오

请 给 我 看 一下 时刻表。
Qǐng gěi wǒ kàn yíxià shíkèbiǎo.

---

❸ 게이 워 이 장 딴 청 왕 판 피아오

给 我 一张 单程(往返) 票。
Gěi wǒ yìzhāng dānchéng wǎngfǎn piào.

---

❹ 따오 베이 징 야오 뚜어 창 스 지엔

到 北京 要 多长 时间?
Dào Běijīng yào duōcháng shíjiān?

---

❺ 쩌 츠 후어 처 스 즈 콰이 하이 스 터 콰이

这次 火车 是 直快 还是 特快?
Zhècì huǒchē shì zhíkuài háishi tèkuài?

---

❻ 투 쫑 커 이 시아 처 마

途中 可以 下 车 吗?
Túzhōng kěyǐ xià chē ma?

---

❼ 쩌 후어 처 상 여우 찬 처 마

这 火车 上 有 餐车 吗?
Zhè huǒchē shang yǒu cānchē ma?

---

❽ 닌 따오 나 알 닌 취 나 알

您 到 哪儿? / 您 去 哪儿?
Nín dào nǎr? Nín qù nǎr?

교통

---

❺ 直快 zhíkuài 보통 열차

特快 tèkuài 급행 열차

❼ 餐车 cānchē 식당차

67

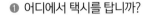

택시

❶ 어디에서 택시를 탑니까?

❷ 택시를 불러 주시겠습니까?

❸ (주소 등을 보이면서) 여기로 가 주십시오.

❹ 9시 전에는 꼭 도착해야 합니다.

❺ 공항에 가 주세요.

❻ 다음 교차로에서 좌(우)회전해 주세요.

❼ 다음 모퉁이에서 세워 주세요.

❽ 저기 빌딩 입구에서 세워 주세요.

word

❶ 出租车站 chūzūchēzhàn 택시승강장, 택시 타는 곳
❷ 叫 jiào …을 부르다
❺ 机场 jīchǎng 공항

① 짜이 나 알 쭈어 추 주 처
在 哪儿 坐 出租车?
Zài nǎr zuò chūzūchē?

② 넝 부 넝 빵 워 찌아오 추 주 처
能不能 帮 我 叫 出租车?
Néngbunéng bāng wǒ jiào chūzūchē?

③ 워 야오 취 쩌얼
我 要 去 这儿。
Wǒ yào qù zhèr.

④ 지우디엔 즈 치엔 이 딩 야오따오
九点 之前 一定 要到。
Jiǔdiǎn zhīqián yídìng yàodào.

⑤ 취 찌 창 바
去 机场 吧。
Qù jīchǎng ba.

⑥ 시아 거 스 쯔 루 코우 주어 여우 꽈이
下个 十字路口 左(右) 拐。
Xiàge shízilùkǒu zuǒ yòu guǎi.

⑦ 시아 거 루 코우 팅 처 바
下个 路口 停车 吧。
Xiàge lùkǒu tíngchē ba.

⑧ 쩌 거 따사 먼 코우 팅 처 바
这个 大厦 门口 停车 吧。
Zhège dàshà ménkǒu tíngchē ba.

---

⑥ 左转 zuǒzhuǎn 좌회전 / 右转 yòuzhuǎn 우회전

⑧ 大厦 dàshà 빌딩
门口 ménkǒu 입구

생생미니여행정보 호텔

1. 중국의 숙박시설

원칙적으로 중국에서 외국인들은 2성급이상 호텔과 외국인 거주가능 아파트에 숙박해야 한다. 그러나 지방에 따라서 외국인 숙박시설이 없는 경우에는 여관이나 초대소에 숙박이 가능하며, 싸게 숙박하려는 일부 배낭 여행자들은 눈치껏 초대소(招待所 zhāodàisuǒ, 방을 하나 빌리는 것이 아니라 침대 하나를 빌리는 방식.-단, 이는 현지 법률상 불법이다)나 민박집을 이용하기도 한다.

호텔

❶ 특징 : 호텔의 등급은 별로 표시되어 1성급에서 5성급까지 있다. 1성급과 2성급의 호텔에서는 여러 명이 한꺼번에 묵을 수 있는 도미토리(한 방에 침대를 여러 개 놓은 다인실)가 있으며, 3성급부터는 단체 여행객들이 주로 묵는다.

❷ 가격 : 호텔 숙박요금은 호텔의 등급에 따라 많은 차이가 난다. 대개의 호텔 요금에는 10~20%의 서비스 요금이 가산되어 나오고 베이징 등의 대도시 같은 경우에는 하루에 미국달러로 7달러 정도의 세금이 포함되는 곳도 있다. 그러니까 베이징의 호텔은 기본적인 숙박요금에 많게는 25%의 추가 요금이 붙는 셈이다. 2인 1실 트윈을 기본으로 지방도시의 호텔이나 대도시의 중급호텔은 대개 200~1,000元 정도, 대도시의 4성급 호텔이나 5성급 호텔이라면 1,500~3,000元 정도이다. 위치나 시즌에 따라 가격의 변동이 있을 수 있다.

❸ 이용시 유의사항 : 수도꼭지에서 나오는 물은 직접 먹지 않는 것이 좋다. 생수를 사서 먹거나 보온병의 물을 이용하여 차를 끓여 먹는 것이 좋다.

또 요즘은 중국도 외국문화의 영향을 많이 받고 있으므로 팁을 주어야 할 때도 있다. 며칠 동안 머물게 된다면 아침에 객실을 비울 때 눈에 잘 띄는 곳에 약간의 팁을 놓아 둘 것.

도미토리

❶ 특징 : 최근 배낭 여행자들이 늘면서 호텔 등에 여러 명이 숙박할 수 있는 다인실 즉 도미토리를 마련하고 있는 추세이다. 온라인 예약을 허용하므로 미리 예약하는 것이 좋다. (Hostelworld, Booking.com, Ctrip 등 사이트 참고)

❷ 가격 : 도미토리는 통상적으로 50~100元정도. 계산은 미국 달러나 인민폐 등으로 가능하고 중급 이상의 호텔에서는 신용카드로도 계산할 수 있다.

❸ 이용시 유의사항 : 대개 도미토리는 주요 호텔 건물과는 분리된 곳에 있거나 건물 지하에 있다. 카운터도 별도로 있는 곳이 많아서 직접 도미토리 카운터를 찾아가서 신청하는 것이 좋다. 또 이곳은 여러 사람이 묵는 곳이므로 자신의 짐 관리를 확실히 해야 한다. 여권이나 지갑, 귀중품은 자신이 직접 보관하고, 배낭은 자물쇠로 채워 놓는 것도 한 방법. 키를 인식해서 열 수 있는 개인 사물함이 비치된 곳도 있다. 조식여부, 와이파이, 개인사물함, 체크인, 체크아웃 시간 등을 확인해야 한다.

 ### 숙박시설을 이용할 때 주의할 점

❶ 여관, 여사 및 초대소 : 시설은 그다지 좋지 않고 샤워 시설도 없지만 요금이 싸기 때문에 여행경비는 많이 절약된다. 그러나 원칙적으로 외국인은 숙박할 수 없다. 가격은 10元~100元정도(대도시는 30元 ~100元).

❷ 숙박요금은 부르는 가격을 그대로 주지 말고 반드시 할인해 달라고 요구를 하는 것도 요령이다.

예약하기 ①

❶ 한국어를 할 수 있는 분은 있습니까?

---

❷ 오늘 밤 방을 예약하고 싶습니다만.

---

❸ 싱글룸을 하나 부탁합니다.

---

❹ 내일부터 3일간 / 4일간 / 일주일간.

---

❺ 싱글룸을 하나 예약하고 싶은데요.

---

❻ 싱글룸은 하루에 얼마입니까?

---

❼ 성함을 말씀해 주세요.

---

❽ 잠시만 기다려 주십시오.

🌐 word

❷ 预订 yùdìng 예약하다
❹ 明天 míngtiān 내일 / 三天 sāntiān 3일간, 3박
❻ 单人间 dānrénjiān / 单人房 dānrénfáng 싱글룸

72

① 여우메이여우 후이수어 한 위 더 런
有没有 会说 韩语的 人?
Yǒuméiyǒu huìshuō Hányǔde rén?

② 워 시앙 위 띵 진 티엔 완 상 쭈 더 팡 지엔
我 想 预订 今天 晚上 住的 房间。
Wǒ xiǎng yùdìng jīntiān wǎnshang zhùde fángjiān.

③ 워 야오 딴 런 지엔
我 要 单人间。
Wǒ yào dānrénjiān.

④ 총 밍 티엔 카이 스 쭈 싼티엔 쓰티엔 이 거 씽 치
从 明天 开始 住 3天 / 4天 / 一个星期。
Cóng míngtiān kāishǐ zhù sāntiān sìtiān yíge xīngqī.

⑤ 워 시앙 위 띵 이 거 딴 런 지엔
我 想 预订 一个 单人间。
Wǒ xiǎng yùdìng yíge dānrénjiān.

⑥ 이 거 딴 런 지엔 이 티엔 뚜어사오 치엔
一个 单人间 一天 多少 钱?
Yíge dānrénjiān yìtiān duōshao qián?

⑦ 칭 까오 쑤 워 닌 더 씽 밍
请 告诉 我 您的 姓名。
Qǐng gàosu wǒ nínde xìngmíng.

⑧ 칭 닌 사오 덩
请 (您) 稍等。
Qǐng nín shāoděng.

호텔

---

⑦ 姓名 xìngmíng 이름, 성명

예약하기 ②

❶ 저는 김진수입니다.

❷ 전화번호는 112-1234입니다.

❸ 몇 시쯤 도착하십니까?

❹ 저녁 6시쯤 될 것 같습니다.

❺ 아침식사가 되는 트윈룸 하나 부탁합니다.

❻ 1박에 얼마입니까?

❼ 비싸군요.

❽ 좀 더 싼 방은 없습니까?

🌐 word

※ 전화번호를 말할 때는 숫자를 하나씩 읽어주면 된다.
❸ 到达 dàodá 도착하다
❹ 左右 zuǒyòu 경, 쯤

74

① 워 찌아오 진 쩐 시유
我 叫 金 真秀。
Wǒ jiào Jīn Zhēnxiù.

② 띠엔 화 하오 마 스 야오야오얼 야오얼싼쓰
电话号码 是 1 1 2 - 1 2 3 4。
Diànhuàhàomǎ shì yāo yāo èr yāo èr sān sì.

③ 지 디엔 따오 다
几点 到达?
Jǐ diǎn dàodá?

④ 커 넝 리우디엔 주어여우
可能 六点 左右。
Kěnéng liùdiǎn zuǒyòu.

⑤ 야오 빠오쿠어 자오 찬 더 이 거 쑤앙런 팡
要 包括 早餐的 一个 双人房。
Yào bāokuò zǎo cān de yíge shuāngrénfáng.

⑥ 쭈 이 티엔 뚜어샤오 치엔
住 一天 多少 钱?
Zhù yìtiān duōshao qián?

⑦ 타이꾸이 러
太贵 了。
Tài guì le.

⑧ 여우메이여우 짜이 피엔 이 이 디엔 더 팡 지엔
有没有 再 便宜 一点的 房间?
Yǒuméiyǒu zài piányi yìdiǎnde fángjiān?

호텔

---

⑤ 早饭 zǎofàn 아침식사

⑦ 贵 guì 비싸다 ↔ 便宜 piányi 싸다

75

예약 및 변경

❶ 예약을 하지 않았습니다.

❷ 오늘 밤 빈 방 있습니까?

❸ 그럼, 그것으로 하겠습니다.

❹ 죄송하게도 오늘 밤은 만실입니다.

❺ 예약을 취소하고 싶은데요.

❻ 하루 일찍 체크아웃하고 싶습니다.

❼ 하루 더 묵고 싶은데요.

❽ 추가 요금은 얼마입니까?

🌐 word

❷ 有空房吗? yǒukòngfángma 방 있습니까?

❸ 就这么定 jiùzhèmedìng 그것으로 하겠습니다

❹ 满了 mǎnle 가득차다, 만원이다

1

워 메이 위 띵 팡 지엔
我 没 预订 房间。
Wǒ méi yùdìng fángjiān.

2

찐티엔 완 상 여우 콩 팡 마
今天 晚上 有 空房 吗?
Jīntiān wǎnshang yǒu kòngfáng ma?

3

찌우 쩌 머 띵 바
就 这么 定 吧。
Jiù zhème dìng ba.

4

뿌 하오 이 쓰 찐티엔 이 징 만 러
不好 意思, 今天 已经 满 了。
Bùhǎo yìsi, jīntiān yǐjīng mǎn le.

호
텔

5

워 시앙 취 시아오 위 띵
我 想 取消 预订。
Wǒ xiǎng qǔxiāo yùdìng.

6

워 야오 자오 이 티엔 투이 팡
我 要 早一天 退房。
Wǒ yào zǎo yìtiān tuìfáng.

7

워 야오 짜이 쭈 이 티엔
我 要 再 住 一天。
Wǒ yào zài zhù yìtiān.

8

짜이 지아 뚜어사오 치엔
再 加 多少 钱?
Zài jiā duōshao qián?

---

6 早一天 zǎoyìtiān 하루 빨리

退房 tuìfáng 체크아웃

체크인

❶ 예약하셨습니까?

---

❷ 네, 예약했습니다.

---

❸ 성함이 어떻게 되십니까?

---

❹ 이선영입니다.

---

❺ 카드 기입과 사인을 부탁합니다.

---

❻ 이 카드는 어떻게 기입해야 합니까?

---

❼ 카드 기입하는 것을 도와주시겠습니까?

---

❽ (1일 숙박) 보증금은 500원입니다.

🌐 word

❺ 填 tián 기입하다, 채워넣다

닌 위 띵 팡지엔 러 마
① 您预订房间了吗?
Nín yùdìng fángjiān le ma?

스 이 징 띵 하오 러
② 是, 已经订好了。
Shì, yǐjīng dìnghǎo le.

닌 찌아오 선 머 밍즈
③ 您叫什么名字?
Nín jiào shénme míngzi?

워 찌아오 리 시엔 룽
④ (我叫) 李先荣。
Wǒ jiào Lǐ Xiānróng.

칭 티엔 이 시아 비아오 거 허 치엔 밍
⑤ 请填一下表格和签名。
Qǐng tián yíxià biǎogé hé qiānmíng.

쩌 거 비아오 거 전 머 티엔시에
⑥ 这个表格怎么填写?
Zhège biǎogé zěnme tiánxiě?

칭 빵 워 티엔 이 시아 커 이 마
⑦ 请帮我填一下可以吗?
Qǐng bāng wǒ tián yíxià kěyǐ ma?

칭 찌아오 우바이위엔 더 야 진
⑧ 请交500元的押金。
Qǐng jiāo wǔbǎiyuánde yājīn.

---

⑧ 押金 yājīn 보증금(deposit)

호
텔

79

체크인하면서

❶ 방까지 짐을 옮겨 주시겠습니까?

❷ 아침식사는 몇 시부터입니까?

❸ 식당은 어디입니까?

❹ 귀중품을 잠시 맡아 주시겠습니까?

❺ 사용법을 가르쳐 주십시오.

❻ 방 열쇠를 하나 더 주실 수 있습니까?

❼ 체크아웃은 몇 시입니까?

❽ 오후 2시까지 / 3시까지 / 4시까지입니다.

🌐 word

❶ 送 sòng …을 배달하다

❸ 餐厅 cāntīng 식당

※ 食堂(shítáng)은 구내식당, 공장 등의 대단위 식당에만 사용한다.

① 把 我的 行李 送到 房间 可以 吗?
바 워더 싱리 쏭따오 팡지엔 커이 마
Bǎ wǒde xíngli sòngdào fángjiān kěyǐ ma?

---

② 早餐 从 几点 开始?
자오 찬 총 지 디엔 카이스
Zǎocān cóng jǐdiǎn kāishǐ?

---

③ 餐厅 在 哪儿?
찬 팅 짜이 나 알
Cāntīng zài nǎr?

---

④ 可以 临时 保存 贵重物品 吗?
커 이 린 스 바오춘 꾸이쭝우핀 마
Kěyǐ línshí bǎocún guìzhòngwùpǐn ma?

---

⑤ 教 我 使用方法。
찌아오 워 스용팡파
Jiāo wǒ shǐyòngfāngfǎ.

---

⑥ 再 给 我 一把 钥匙 可以 吗?
짜이 게이 워 이 바 야오스 커 이 마
Zài gěi wǒ yìbǎ yàoshi kěyǐ ma?

---

⑦ 几点 退房?
지 디엔 투이 팡
Jǐdiǎn tuìfáng?

---

⑧ 到 下午 两点 / 三点 / 四点。
따오 시아 우 량 디엔 싼 디엔 쓰 디엔
Dào xiàwǔ liǎngdiǎn sāndiǎn sìdiǎn.

호
텔

---

❻ 钥匙 yàoshi 열쇠, 키 (카드키 房卡 fángkǎ)

❼ 退房 tuìfáng 체크아웃, 퇴실

❽ 下午 xiàwǔ 오후 / 上午 shàngwǔ 오전

81

❶ 저한테 온 메시지는 없습니까?

---

❷ 손님 box에는 메시지가 없습니다.

---

❸ 제 앞으로 팩스 온 거 없어요?

---

❹ 저를 찾는 사람이 있었습니까?

---

❺ 방이 몇 호실이시죠?

---

❻ 402호실인데요.

---

❼ 메시지가 두 개 있습니다.

---

❽ 고마워요!

🌐 word

❶ 信件 xìnjiàn 메시지, 편지 등
❺ 房间号 fángjiānhào 방 번호

여우메이여우 게이 워 더 신 지엔
❶ 有没有 给 我的 信件?
　　Yǒuméiyǒu gěi wǒde xìnjiàn?

닌 더 신시앙 리 메이여우 신 지엔
❷ 您的 信箱里 没有 信件。
　　Nínde xìnxiānglǐ méiyǒu xìnjiàn.

여우메이여우 라이 워 더 추안 쩐
❸ 有没有 来 我的 传真?
　　Yǒuméiyǒu lái wǒde chuánzhēn?

여우메이여우 런 자오구어 워
❹ 有没有 人 找过 我?
　　Yǒuméiyǒu rén zhǎoguo wǒ?

닌 지 하오 팡 지엔
❺ (您)几号 房间?
　　Nín Jǐhào fángjiān?

쓰링얼 스 　　쓰링얼 하오 팡 지엔
❻ 402 室。/ 402 号 房间。
　　Sìlíngèr shì. Sìlíngèr hào fángjiān.

여우 량 펑 신
❼ 有 两封 信。
　　Yǒu liǎngfēng xìn.

시에시에
❽ 谢谢!
　　Xièxie!

호텔

※ 보통 호텔에서는 메시지나 팩스 등 연락사항이 있으면 방으로 가져다 주
　지만, 확인하고 싶을 때는 위와 같이 물어보면 된다.

호텔방에서

❶ 타올이 없어요.

❷ 비누와 샴푸를 갖다 주시겠습니까?

❸ 대단히 죄송합니다.

❹ 바로 갖다 드리겠습니다.

❺ 뜨거운 물이 안 나와요.

❻ 에어컨이 안 돼요.

❼ 방을 바꾸고 싶은데요.

❽ 열쇠를 깜박하고 놔두고 왔어요.

🌐 word

❶ 毛巾 máojīn 타올, 수건
❷ 肥皂 féizào 비누 / 洗发精 xǐfàjīng 샴푸
❺ 热水 rèshuǐ 뜨거운 물

🎧 MP3 05-7

❶
메이여우 마오 진
没有 毛巾。
Méiyǒu máojīn.

❷
게이 워 페이짜오 허 시 파 징
给 我 肥皂 和 洗发精。
Gěi wǒ féizào hé xǐfàjīng.

❸
헌 뿌하오 이 쓰
很 不好 意思。
Hěn bùhǎo yìsi.

❹
마 상 게이 닌 쏭 구어라이
马上 给 您 送过来。
Mǎshàng gěi nín sòngguòlái.

❺
뿌 추 르어수이
不出 热水。
Bùchū rèshuǐ.

❻
다 부 카이 콩 티아오
打不开 空调。
Dǎbukāi kōngtiáo.

❼
워 야오 환 팡 지엔
我 要 换 房间。
Wǒ yào huàn fángjiān.

❽
워 왕 러 따이 야오 스
我 忘了 带 钥匙。
Wǒ wàngle dài yàoshi.

호텔

---

❻ 空调 kōngtiáo 에어컨, 냉난방(공기 조절)장치

※ 중국의 에어컨은 대부분 냉난방 겸용이다.

룸서비스

① 드라이클리닝을 할 수 있습니까?

② 얼마나 걸립니까?

③ 가능하면 내일 아침 8시까지 갖다주세요.

④ 세탁물이 아직 안 왔습니다!

⑤ 제 숙박료에 달아 주세요.

⑥ 콜렉트 콜이 가능합니까?

⑦ 한국의 서울인데요.

⑧ 전화번호는 332-4567입니다.

🌏 word

① 干洗 gānxǐ 드라이클리닝
③ …之前 zhīqián …전에
④ 完 wán 완성되다, 다 되다

넝 부 넝 게 이 워 간 시
❶ 能不能 给 我 干洗?
Néngbunéng gěi wǒ gānxǐ?

쉬 야오 뚜어 창 스 지엔
❷ 需要 多长 时间?
Xūyào duōcháng shíjiān?

커 이 더 화 밍 티엔 자오 상 빠디엔 즈 치엔 쑹 꾸어라이
❸ 可以的 话, 明天 早上 8点 之前 送过来。
Kěyǐde huà, míngtiān zǎoshang bādiǎn zhīqián sòngguòlái.

시 완 더 이 푸 하이메이 라이 너
❹ 洗完的 衣服 还没 来 呢!
Xǐwánde yīfu háiméi lái ne!

지아따오 워 더 팡 페이 리
❺ 加到 我的 房费 里。
Jiādào wǒde fángfèi li.

커 이 다 뚜이팡 푸 페이 더 창 투 띠엔화 마
❻ 可以 打 对方 付费的 长途 电话 吗?
Kěyǐ dǎ duìfāng fùfèide chángtú diànhuà ma?

한 구어 더 서우 얼
❼ 韩国的 首尔。
Hánguóde Shǒu'ěr.

띠엔 화 하오 마 스 싼싼얼 쓰우리우치
❽ 电话号码 是 332-4567。
Diànhuàhàomǎ shì sān sān èr sì wǔ liù qī.

---

❻ 对方付费 duìfāngfùfèi 콜렉트 콜, 수신자부담

❽ 电话号码 diànhuàhàomǎ 전화번호

❶ 이 부근에 백화점이 있습니까?

❷ 어떻게 가면 될까요?

❸ 약도를 그려 주시겠어요?

❹ 가장 가까운 약국 / 편의점

❺ 어떻게 가는지 알려 주세요.

❻ 거기까지 걸어갈 수 있습니까?

❼ 어느 정도 걸립니까?

❽ 잔돈으로 바꿔 주실 수 있습니까?

word

- ❶ 百货商店 bǎihuòshāngdiàn 백화점
- ❸ 示意图 shìyìtú 약도 / 地图 dìtú 지도
- ❹ 药房 yàofáng 약국 / 便利店 biànlìdiàn 편의점

🎧 MP3 05-9

❶ 쩌 얼 푸 진 여우 바이후어 상 디엔 마
这儿 附近 有 百货商店 吗?
Zhèr fùjìn yǒu bǎihuòshāngdiàn ma?

---

❷ 전 머 저우
怎么 走?
Zěnme zǒu?

---

❸ 칭 게이 워 화 스 이 투 하오 마
请 给 我 画 示意图, 好 吗?
Qǐng gěi wǒ huà shìyìtú, hǎo ma?

---

❹ 쭈이 진 더 야오 팡 삐엔 리 디엔
最近的 药房 / 便利店。
Zuìjìnde yàofáng biànlìdiàn.

---

❺ 까오 쑤 워 전 머 저우
告诉 我 怎么 走。
Gàosu wǒ zěnme zǒu.

---

❻ 따오 나 알 넝 저우저 취 마
到 那儿 能 走着去 吗?
Dào nàr néng zǒuzheqù ma?

---

❼ 쉬 야오 뚜어 창 스 지엔
需要 多长 时间?
Xūyào duōcháng shíjiān?

---

❽ 게이 워 환 링 치엔 커 이 마
给 我 换 零钱 可以 吗?
Gěi wǒ huàn língqián kěyǐ ma?

---

❻ 坐巴士 zuòbāshì 버스로 / 坐出租车 zuòchūzūchē 택시로

❽ 换 huàn 바꾸다

호
텔

89

❶ 체크아웃을 하고 싶은데요.

---

❷ 방 키를 반납하십시오.

---

❸ 지불은 어떻게 하시겠습니까?

---

❹ 현금으로 하시겠습니까?

---

❺ 아니면 카드로 하시겠습니까?

---

❻ 현금으로 (지불)하겠습니다.

---

❼ 신용카드는 사용할 수 있습니까?

---

❽ (카드나 페이머니) 이것 쓸 수 있나요?

🌐 word

❹ 付 fù 지불하다

现金 xiànjīn 현금

❶ 워 야오 투이 팡
我 要 退房。
Wǒ yào tuìfáng.

❷ 환 게이 워 팡 지엔 야오 스
还给 我 房间 钥匙。
Huángěi wǒ fángjiān yàoshi.

❸ 닌 전 머 지에 쨩
您 怎么 结帐?
Nín zěnme jiézhàng?

❹ 푸 시엔 진 마
付 现金 吗?
Fù xiànjīn ma?

❺ 하이 스 수아 카
还是 刷卡?
Háishi shuākǎ?

❻ 푸 시엔 진 바
付 现金 吧。
Fù xiànjīn ba.

❼ 넝 부 넝 용 신 용 카
能不能 用 信用卡?
Néngbunéng yòng xìnyòngkǎ?

❽ 쩌 거 넝 용 마
这个 能用 吗?
Zhège néngyòng ma?

호텔

❺ 刷卡 shuākǎ 카드를 긁다
❼ 信用卡 xìnyòngkǎ 신용카드

❶ 예, 물론입니다.

❷ 여기 사인 부탁드립니다.

❸ 청구서를 확인바랍니다.

❹ 맞네요.

❺ 계산서가 틀린 것 같습니다.

❻ 저는 위스키는 마시지 않았는데요.

❼ 사진기를 두고 왔네요.

❽ 1시까지 짐을 맡겨도 괜찮겠습니까?

word

❸ 帐单 zhàngdān 청구서, 계산서
❹ 没问题 méiwèntí 문제 없어요.
❺ 不对 búduì 틀리다, 잘못하다

① 스 땅란
是, 当然。
Shì, dāngrán.

② 칭 닌 짜이 쩌얼 치엔 밍
请 您 在 这儿 签名。
Qǐng nín zài zhèr qiānmíng.

③ 칭 닌 칸 이시아 지에쨩 쨩딴
请 您 看 一下 结帐 帐单。
Qǐng nín kàn yíxià jiézhàng zhàngdān.

④ 뚜이 러
对 了。
Duì le.

⑤ 쩌 쨩 쨩딴 하오시앙 부뚜이
这 张 帐单 好像 不对。
Zhè zhāng zhàngdān hǎoxiàng búduì.

⑥ 워 메이 허 구어 웨이스 지 지우
我 没 喝过 威士忌酒。
Wǒ méi hēguo wēishìjìjiǔ.

⑦ 워 왕 러 따이 짜오시앙 지
我 忘了 带 照相机。
Wǒ wàngle dài zhàoxiàngjī.

⑧ 바 워더 싱리 지 춘 따오 이 디엔 커 이 마
把 我的 行李 寄存到 一点 可以 吗?
Bǎ wǒde xíngli jìcúndào yìdiǎn kěyǐ ma?

호
텔

⑥ 喝 hē 마시다

⑦ 照相机 zhàoxiàngjī 사진기

⑧ 寄存 jìcún 맡겨두다, 보관시키다

호텔에서 쓰이는 말들

계산서	结帐帐单	jiézhàngzhàngdān
룸 서비스	客房服务	kèfángfúwù
만실	客满	kèmǎn
모닝콜	叫醒服务	jiàoxǐngfúwù
방	房	fáng
방 번호	房号	fánghào
방 열쇠	房钥匙	fángyàoshi
비다	空	kòng
사용법	使用法	shǐyòngfǎ
선금	定金	dìngjīn

서비스료	服务费	fúwùfèi
싱글룸	单人间	dānrénjiān
세탁서비스	洗衣服务	xǐyīfúwù
안내원	服务员	fúwùyuán
열쇠	钥匙	yàoshi
예약	预订	yùdìng
이틀	两天	liǎngtiān
1박	住一天	zhùyìtiān
2박	住两天	zhùliǎngtiān
지배인	大堂经理	dàtángjīnglǐ
체크아웃	退房	tuìfáng
체크인	登记	dēngjì
취소	取消	qǔxiāo
카드키	房卡	fángkǎ
트윈룸	双人间	shuāngrénjiān
팁	小费	xiǎofèi
포터	服务生	fúwùshēng
프론트	总台	zǒngtái
호텔	饭店	fàndiàn

1. 중국의 여러가지 요리

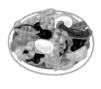

· 궁정요리 (宮庭菜 gōngtíngcài)

궁중에서 황제를 위하여 만든 요리로, 베이징이 그 본고장이다. 다른 말로 베이징요리라고도 한다. 궁정요리는 각지의 진귀하고 좋은 재료를 골라 쓰는 것을 기본으로 가장 맛깔스러운 모양을 꾸미기로 유명하다. 역시 영양면에서도 다른 어떤 요리보다 으뜸이다.

· 쓰촨요리 (四川菜 sìchuāncài)

더운 지방에서 발달한 요리로 쉽게 부패하는 것을 막기 위해 향신료를 많이 사용한다. 특히 매운 요리의 대명사격으로 고추, 후추,마늘, 파 등이 많이 사용되어 느끼한 중국요리들 중에서 가장 한국사람들의 입맛에 맞는 음식이라고 할 수 있다. 또 산악지대이기 때문에 재료를 소금으로 절이거나 말려서 보존하는 방법이 발달하였다. 가장 많이 알려져 있는 것이 마파두부이다. 중국인들은 이를 줄여서 川菜(chuāncài)라고 부르며 일반적인 식당의 입구에 사천요리를 하는 집은 촨차이라고 적혀 있다.

· 광둥요리 (广东菜 guǎngdōngcài)

중국에서 가장 종류가 많은 것이 이 광둥요리다. 광둥지역은 외국과의 교류가 많아, 쇠고기, 서양채소, 토마토 케첩, 우스터 소스 등 서양요리의 재료와 조미료를 받아들인 이국적인 요리도 발달했다.

· 산둥요리 (山东菜 shāndōngcài)

중국 북부지역에 유행하는 북방요리의 대표적인 이 요리는 열효율을 최대한 살려서 만드는 조리법이 특징이다. 즉 고온에서 단시간에 익혀야 하기 때문에 볶음 요리가 많다.

· 약선요리 (煲药膳汤 bāoyàoshàntāng)

한방약의 재료로 쓰이는 것들을 요리에 이용한 건강식. 한방약처럼 단기간에 그 효과를 기대할 수는 없고 지속적으로 체질에 맞게 먹어야 한다. 중국에서는 보신재료를 이용한 '탕'을 만들어 마시기 때문에 '煲药膳汤 (bāoyàoshàntāng)'이라고도 한다.

2. 중국 식당을 이용할 때 유의할 점

- 중국에서는 음식을 접시별로 팔기 때문에 여러 사람이 같이 먹으면 다양한 요리를 비교적 경제적으로 즐길 수 있다.
- 식사 대용으로 수백 가지 종류의 만두나 면류, 호떡이나 찐빵 등의 간식류를 이용하면 가격도 싸고 맛과 모양이 다양해서 자신의 입맛대로 골라 먹을 수 있다.
- 음식을 주문할 때는 되도록 향신료(调料 tiáoliào)를 넣지 않도록 한다. 중국 음식이 우리 입맛에 맞지 않는 이유는 바로 이 향신료 때문이다. 그 중 면류를 먹을 때 나오는 香菜(xiāngcài)는 한국인들의 입맛에 맞지 않으면서 가장 많이 접하는 것으로, 입맛에 맞지 않으면 넣지 말아달라고 말해야 한다. "我不要放香菜(워 부야오 팡 시앙차이)"라고 말하면 된다.
- 중국의 대형 음식점은 음식을 파는 시간이 정해져 있다. 이 시간이 지나면 음식을 팔지 않기 때문에 주의해야 한다.
  아침 7:30~09:30, 점심 11:30~14:30, 저녁 18:00~20:30. 단, 지역에 따라 차이가 있을 수 있다.

음식점 찾기

❶ 중국 음식이 먹고 싶습니다.

❷ 어느 식당이 잘 합니까?

❸ 이 근처에 있습니까?

❹ 그 식당은 비쌉니까?

❺ 어떻게 가는지 알려 주세요.

❻ 뭐가 맛있어요?

❼ 이 식당에서 가장 잘하는 음식은 뭐죠?

❽ 간단히 식사를 할 수 있는 곳

word

❶ 中国菜 Zhōngguócài 중국 음식
❸ 附近 fùjìn 근처

① 我 要 吃 中国菜。
워 야오 츠 쭝 구어차이
Wǒ yào chī Zhōngguócài.

② 哪家 餐厅 做得 好?
나 지아 찬 팅 쭈어 더 하오
Nǎjiā cāntīng zuòde hǎo?

③ 这 附近 有 吗?
쩌 푸 진 여우 마
Zhè fùjìn yǒu ma?

④ 那家 餐厅的 菜 贵 吗?
나 지아 찬 팅 더 차이 꾸이 마
Nàjiā cāntīngde cài guì ma?

⑤ 请 告诉 我 怎么 走。
칭 까오 쑤 워 전 머 저우
Qǐng gàosu wǒ zěnme zǒu.

⑥ 哪个 好吃?
나 거 하오츠
Nǎge hǎochī?

식
사

⑦ 这家 餐厅的 拿手菜 是 什么?
쩌 지아 찬 팅 더 나 서우차이 스 선 머
Zhèjiā cāntīngde náshǒucài shì shénme?

⑧ 快 餐厅
콰이 찬 팅
Kuài cāntīng

---

⑤ 怎么 zěnme+동사 어떻게 …하다

⑦ 拿手菜 náshǒucài 어느 식당이든지 자기 식당에서 가장 잘 만드는 음식이 있는데 이를 일컬어 '拿手菜'라고 한다.

음식점에 들어가면서

❶ 지금 식사 됩니까?

---

❷ 몇 분이십니까?

---

❸ 네 사람입니다.

---

❹ 잠시 기다려 주시겠습니까?

---

❺ 얼마나 기다려야 합니까?

---

❻ 창가 자리를 부탁합니다.

---

❼ 금연석으로 해 주세요.

---

❽ 흡연석으로 해 주세요.

🌐 word

- ❶ 吃饭 chīfàn 식사 / 晚饭 wǎnfàn 저녁식사
- ❹ 请稍等 qǐngshāoděng 잠깐만요
- ❼ 禁烟席 jìnyānxí 금연석

∩ MP3 06-2

❶
시엔짜이 커 이 츠 판 마
现在 可以 吃 饭 吗?
Xiànzài kěyǐ chī fàn ma?

---

❷
지 웨이
几 位?
Jǐ wèi?

---

❸
쓰 거 런
四个人。
Sì ge rén.

---

❹
칭 사오 덩 하오 마
请 稍等, 好 吗?
Qǐng shāoděng, hǎo ma?

---

❺
야오 덩 뚜어지우
要 等 多久?
Yào děng duōjiǔ?

---

❻
칭 게이 워 카오추앙 더 쭈어웨이
请 给 我 靠窗的 座位。
Qǐng gěi wǒ kàochuāngde zuòwèi.

식
사

---

❼
워 야오 쭈어 진 이엔 시
我 要 坐 禁烟席。
Wǒ yào zuò jìnyānxí.

---

❽
워 야오 쭈어 커 이 초우이엔 더 쭈 얼
我 要 坐 可以 抽烟的 座儿。
Wǒ yào zuò kěyǐ chōuyānde zuòr.

---

❽ 抽烟席 chōuyānxí 흡연석

101

주문하기 ①

❶ 여기, 주문 받으세요.

❷ 메뉴(판)를 주시겠습니까?

❸ 추천요리는 무엇입니까?

❹ (메뉴판을 가리키면서) 이건 어떤 요리예요?

❺ (메뉴판을 가리키면서) 이걸로 주세요.

❻ (음식을 가리키며) 저것과 같은 것으로 주세요.

❼ 물 한 잔 주세요.

❽ 주문을 바꿔도 됩니까?

🌐 word

- ❶ 点菜 diǎncài 주문하다
- ❷ 菜单 càidān 메뉴판
- ❻ 一样 yíyàng 같다

❶ 웨이 워 야오 디엔차이
喂, 我 要 点菜。
Wèi, wǒ yào diǎncài.

---

❷ 게이 워 차이딴 하오 마
给 我 菜单 好 吗?
Gěi wǒ càidān hǎo ma?

---

❸ 투이지엔차이 스 선 머
推荐菜 是 什么?
Tuījiàncài shì shénme?

---

❹ 쩌 스 선 머 차이
这 是 什么 菜?
Zhè shì shénme cài?

---

❺ 워 야오 쩌 거
我 要 这个。
Wǒ yào zhège.

---

❻ 워 야오 허 나 거 이양더
我 要 和 那个 一样的。
Wǒ yào hé nàge yíyàngde.

식
사

---

❼ 칭 게이 워 이 뻬이 수이
请 给 我 一杯 水。
Qǐng gěi wǒ yìbēi shuǐ.

---

❽ 디엔꾸어 더 차이 커 이 환 마
点过的 菜 可以 换 吗?
Diǎnguòde cài kěyǐ huàn ma?

---

❼ 水 shuǐ 물
湿巾 shījīn 물수건

103

주문하기 ②

❶ 뭐 좀 마시겠습니까?

❷ 새우는 어떻게 해 드릴까요?

❸ 튀겨서 / 볶아서 / 쪄서 주세요.

❹ 이 스프는 어떤 거죠?

❺ 크림스프 / 야채스프입니다.

❻ 정말 맛있어요.

❼ 주문하신 것을 확인하겠습니다.

❽ 밥도 두 공기 주세요.

🌐 word

❷ 怎么给您做 zěnme gěi nín zuò 어떻게 해 드릴까요?

❸ 炸 zhá 튀기다 / 炒 chǎo 볶다 / 蒸 zhēng 찌다

❼ 确认 quèrèn 확인하다

🎧 MP3 06-4

닌 야오 허 디엔 선 머
❶ 您 要 喝 点 什么?
　Nín yào hē diǎn shénme?

쩌 거 시아 전 머 게이 닌 쭈어
❷ 这个 虾 怎么 给 您 做?
　Zhège xiā zěnme gěi nín zuò?

칭 게이 워 쟈 더　 챠오 더　 쩡 더
❸ 请 给 我 炸的 / 炒的 / 蒸的。
　Qǐng gěi wǒ zháde chǎode zhēngde.

쩌 스 선 머 탕
❹ 这 是 什么 汤?
　Zhè shì shénme tāng?

나이요우 탕　 쑤 차이 탕
❺ 奶油汤。/ 素菜汤。
　Nǎiyóutāng. Sùcàitāng.

페이 창 하오 츠
❻ 非常 好吃。
　Fēicháng hǎochī.

식
사

짜이 취에 런 이 시아 닌 디엔 더 차이
❼ 再 确认 一下 您 点的 菜。
　Zài quèrèn yíxià nín diǎnde cài.

하이 야오 량 완 미 판
❽ 还要 两碗 米饭。
　Hái yào liǎngwǎn mǐfàn.

❽ 米饭 mǐfàn 쌀밥

식사중에

❶ 어떻게 먹는지 가르쳐 주세요.

❷ 한 접시 더 갖다 주실래요?

❸ 주문한 요리가 아직 안 나왔어요.

❹ 이건 주문하지 않았는데요.

❺ 이것은 제가 주문한 요리가 아닌데요.

❻ 좀 더 먹을 수 있습니까?

❼ 이것을 치워 주세요.

❽ 죄송합니다만, 제가 컵을 하나 깼습니다.

word

❶ 吃 chī 먹다
❷ 盘 pán 접시
❸ 还没 háiméi 아직 …하지 않다

106

❶ 请 教 我 怎么 吃。
칭 찌아오 워 전 머 츠
Qǐng jiāo wǒ zěnme chī.

❷ 再来 一盘 可以 吗?
짜이라이 이 판 커 이 마
Zàilái yìpán kěyǐ ma?

❸ 我 点的 菜 还没 上来。
워 디엔 더 차이 하이메이 상 라이
Wǒ diǎnde cài háiméi shànglái.

❹ 没点 这道 菜。
메이디엔 쩌 따오 차이
Méidiǎn zhèdào cài.

❺ 这 不是 我 点的 菜。
쩌 부 스 워 디엔 더 차이
Zhè búshì wǒ diǎnde cài.

식사

❻ 再 吃点 可以 吗?
짜이 츠디엔 커 이 마
Zài chīdiǎn kěyǐ ma?

❼ 把 这个 收拾了 吧。
바 쩌 거 서우스 러 바
Bǎ zhège shōushile ba.

❽ 不好 意思, 我 摔坏了 一个 杯子。
뿌 하오 이 쓰 워 수와이화이 러 이 거 뻬이즈
Bùhǎo yìsi, wǒ shuāihuàile yíge bēizi.

❼ 收拾 shōushi 치우다

❽ 摔坏 shuāihuài 깨다

107

지불하기

❶ 계산해 주세요.

---

❷ 영수증 좀 주시겠어요?

---

❸ 각자 계산하고 싶습니다만.

---

❹ 같이 계산해 주세요.

---

❺ 오늘은 제가 내겠습니다.

---

❻ 신용카드로 지불할 수 있습니까?

---

❼ 계산이 틀린 것 같은데요.

---

❽ 거스름돈이 맞지 않는데요.

---

word

❶ 结帐 jiézhàng 계산하다
❷ 发票 fāpiào 영수증
❸ AA制付钱 AAzhìfùqián 따로따로 계산하다, 더치페이

🎧 MP3 06-6

지에 짱　　마이 단
① 结帐。/ 买单。
　　Jiézhàng.　Mǎidān.

게이　워　파 피아오
② 给 我 发票。
　　Gěi wǒ fāpiào.

워 먼 야오 ＡＡ즈 푸 치엔
③ 我们 要 AA制 付钱。
　　Wǒmen yào AA zhì fùqián.

이 치 지에 짱 바
④ 一起 结帐 吧。
　　Yìqǐ jiézhàng ba.

찐 티엔　워　라이 지에 짱
⑤ 今天 我 来 结帐。
　　Jīntiān wǒ lái jiézhàng.

식
사

나　신 용 카　푸 치엔 커 이　마
⑥ 拿 信用卡 付钱 可以 吗?
　　Ná xìnyòngkǎ fùqián kěyǐ ma?

하오시앙　수안추어 러
⑦ 好像 算错 了。
　　Hǎoxiàng suàncuò le.

자오　워 더　치엔 부 뚜이 러
⑧ 找 我的 钱 不对 了。
　　Zhǎo wǒde qián búduì le.

---

⑥ 付钱 fùqián 지불하다

⑧ 找钱 zhǎoqián 거슬러 주다, 거스름돈

109

술집에서

❶ 일단 맥주 두 병 먼저 주세요.

❷ 칵테일 있어요?

❸ 브랜디는 있어요?

❹ 안주는 뭐가 있어요?

❺ (메뉴를 가리키며) 이것하고 저것 주세요.

❻ 감자튀김하고 말린 오징어 하나 주세요.

❼ 물수건 좀 주세요.

❽ 물 한 잔 주세요.

🌐 word

❶ 啤酒 píjiǔ 맥주
❷ 鸡尾酒 jīwěijiǔ 칵테일

시엔 라이 량 핑 피 지우 바
❶ 先 来 两瓶 啤酒 吧。
Xiān lái liǎngpíng píjiǔ ba.

여우 지 웨이지우 마
❷ 有 鸡尾酒 吗?
Yǒu jīwěijiǔ ma?

여우 바이 란 띠 지우 마
❸ 有 白兰地酒 吗?
Yǒu báilándìjiǔ ma?

여우 선 머 시아지우차이
❹ 有 什么 下酒菜?
Yǒu shénme xiàjiǔcài?

워 야오 쩌 거 허 나 거
❺ 我 要 这个 和 那个。
Wǒ yào zhège hé nàge.

라이 이 거 수 티아오 허 이 거 여우위 간
❻ 来 一个 薯条 和 一个 鱿鱼干。
Lái yíge shǔtiáo hé yíge yóuyúgān.

칭 게이 워 스 진
❼ 请 给 我 湿巾。
Qǐng gěi wǒ shījīn.

라이 이 뻬이 수이
❽ 来 一杯 水。
Lái yìbēi shuǐ.

식사

❸ 白兰地酒 báilándìjiǔ 브랜디
❹ 下酒菜 xiàjiǔcài 안주

패스트푸드점에서

❶ 어서 오십시오!

❷ 치즈버거 세트 하나 주세요.

❸ 콜라 / 커피 주세요.

❹ 사이즈는 뭘로 하시겠습니까?

❺ 여기서 드실 겁니까?

❻ 가져가실 겁니까?

❼ 여기서 먹을 겁니다.

❽ 가져갈 겁니다.

🔖 word

❸ 可乐 kělè 콜라
   冰红茶 bīnghóngchá 아이스티
❹ 多大 duōdà 얼마의, 어느 정도의

112

∩ MP3 06-8

❶ 欢迎 光临!
환 잉 광 린
Huānyíng guānglín!

❷ 来 一个 吉士汉堡 套餐。
라이 이 거 지 스 한바오 타오 찬
Lái yíge jíshìhànbǎo tàocān.

❸ 我 要 可乐 / 咖啡。
워 야오 커 러 카 페이
Wǒ yào kělè kāfēi.

❹ 要 多大 的?
야오 뚜어 따 더
Yào duōdà de?

❺ 在 这儿 吃 吗?
짜이 쩌 얼 츠 마
Zài zhèr chī ma?

❻ 要 带走 吗?
야오 따이저우 마
Yào dàizǒu ma?

❼ 在 这儿 吃。
짜이 쩌 얼 츠
Zài zhèr chī.

❽ 我 要 带走。
워 야오 따이저우
Wǒ yào dàizǒu.

식사

❺ 在这儿吃吗? zàizhèrchīma 여기서 드실 겁니까?
❻ 带走吗? dàizǒuma 가져가실 겁니까?

113

식사와 음료

국수	面	miàn
과일	水果	shuǐguǒ
계란	鸡蛋	jīdàn
냉커피	冷咖啡	lěngkāfēi
돼지고기	猪肉	zhūròu
닭고기	鸡肉	jīròu
대하	龙虾	lóngxiā
디저트	甜点心	tiándiǎnxīn
뜨거운 커피	热咖啡	rèkāfēi
라면	方便面	fāngbiànmiàn
맥주	啤酒	píjiǔ
면류	面条	miàntiáo
물	水	shuǐ
물수건	湿巾	shījīn
백반	米饭	mǐfàn
병	瓶	píng
병따개	起盖器	qǐgàiqì
빵	面包	miànbāo
생선	鱼	yú

생맥주	扎啤	zhāpí
소고기	牛肉	niúròu
식당	餐厅	cāntīng
식사	吃饭	chīfàn
아침식사	早饭	zǎofàn
음료수	饮料	yǐnliào
우유	牛奶	niúnǎi
크림	奶精	nǎijīng
일본요리	日本菜	Rìběncài
점심식사	午饭	wǔfàn
저녁식사	晚饭	wǎnfàn
죽	粥	zhōu
중국요리	中国菜	Zhōngguócài
주스	汁	zhī
칵테일	鸡尾酒	jīwěijiǔ
캔	听	tīng
커피숍	咖啡厅	kāfēitīng
차	茶	chá
프랑스요리	法国菜	Fǎguócài
한국요리(한식)	韩国菜	Hánguócài
회	生鱼片	shēngyúpiàn

음식		
간장	酱油	jiàngyóu
고추장	辣酱	làjiàng
귤	桔子	júzi
된장	大酱	dàjiàng
사과	苹果	píngguǒ
소금	盐	yán
설탕	糖	táng
조미료	调料	tiáoliào
포도	葡萄	pútáo
후추가루	胡椒粉	hújiāofěn

맛		
달다	甜	tián
맛있다	好吃	hǎochī
맛없다	不好吃	bùhǎochī
맵다	辣	là
싱겁다	淡	dàn
쓰다	苦	kǔ
짜다	咸	xián

공원	公园	gōngyuán
공중전화	公用电话	gōngyòngdiànhuà
금연	禁止抽烟	jìnzhǐchōuyān
당기시오	拉	lā
미시오	推	tuī
버스정류장	公共汽车站	gōnggòngqìchēzhàn
비상구	安全出口	ānquánchūkǒu
서양요리	西方菜	xīfāngcài
서점	书店	shūdiàn
약국	药房	yàofáng
음식점	餐厅 / 餐馆	cāntīng / cānguǎn
일본음식점	日本菜	Rìběncài
지하철역	地铁站	dìtiězhàn
차 전문점	茶馆	cháguǎn
초대소	招待所	zhāodàisuǒ
커피숍, 카페	咖啡厅	kāfēitīng
피자전문점	比萨店	bǐsàdiàn
호텔	饭店	fàndiàn
화장실	卫生间	wèishēngjiān

생생미니여행정보 _{쇼핑}

1. 중국의 화폐

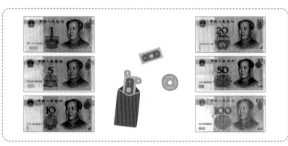

중국에서 현재 통용되는 화폐는 100元(yuán), 50元, 20元, 10元, 5元, 1元, 5角(jiǎo), 2角, 1角, 5分(fēn), 2分, 1分의 12가지이다.

2. 중국에서 쇼핑할 때 이것만은 꼭 조심하자!

❶ 중국에서는 물건을 살 때 외국인에게는 비싼 가격을 부르는 경향이 있다. 보통 2배에서 많게는 10배 이상도 부르는 경우가 있으므로 쇼핑을 할 때는 일단 가격을 깎고 산다는 생각을 염두에 두는 것이 좋다.

❷ 중국은 시장 경제가 아직 정착되지 않았기 때문에 같은 물건이라도 가격이 다른 경우가 많다. 여러 곳을 둘러보고 가격을 비교한 후에 사야 후회가 없다.

❸ 중국에서 물건을 살 때 또 주의해야 할 점이 가짜 상품이 많다는 점이다. 조금 비싸더라도 외국인 전용 상점이나 백화점 혹은 국영상점 등에서 사는 것이 안전하다.

3. 중국의 통화와 도량형

· 1콰이 · 위엔(块 · 元) = 10角   · 1 마오 · 지아오(毛 · 角) = 10分
· 펀(分) : 가장 낮은 화폐 단위   · 꽁진(公斤) : 킬로그램(kg)
· 1진(斤) : 500g, 1근   · 커(克) : 그램(g)

118

4. 중국의 쇼핑 센터

● 백화점(**百货商店** bǎihuòshāngdiàn)
대도시의 대형백화점에는 외국의 유명 브랜드들이
다양하게 구비되어 있다.

● 우의상점(**友谊商店** yǒuyìshāngdiàn)
외국인 전용 상점. 중국의 특산품이 대부분으로 시중보다 조금 비싸다.

● 자유시장(**自由市场** zìyóushìchǎng)
여행의 재미삼아 가볼 만한 곳.

5. 중국에서 가장 많이 사는 쇼핑 리스트

골동품　　　　한방약　　　　문방사우　　　　도장재료　　　　공예품

6. 중국내에서의 환전

일단 중국에 가면 우리나라 화폐와 인민폐의 직접적인 환전은 불가능하다. 따
라서 여행을 떠나기 전에 인민폐나 달러로 미리 바꾸어 가야 한다. 중국 내에서
의 환전은 공항이나 중국은행, 외국인을 상대로 하는 대규모의 쇼핑센터, 호텔
등에서 할 수 있다. 은행의 경우 영업시간이 9시부터 오후 5시까지이며 토요일
은 쉬는 경우가 많고 일요일과 경축일은 휴무다. 최근에는
현금보다는 큐알코드로 휴대폰 결제하는 곳이 많으므로 알
리페이와 같은 페이 앱을 깔아두고 사용하면 편리하다.

쇼핑할 곳 찾기

❶ 말씀 좀 묻겠는데요.

❷ 이 근처에 쇼핑센터가 있습니까?

❸ 여기에서 가장 가까운 백화점은 어디에 있습니까?

❹ 이 근처에 면세점이 있습니까?

❺ (메모 등을 보이면서) 여기에 가고 싶습니다만.

❻ 어떻게 가면 좋습니까?

❼ 바겐세일은 언제까지입니까?

❽ 그 백화점은 몇 시까지입니까?

🌐 word

- ❷ 购物中心 gòuwùzhōngxīn 쇼핑 센터
- ❸ 百货商店 bǎihuòshāngdiàn 백화점
- ❹ 免税店 miǎnshuìdiàn 면세점

① 칭 원 이 시아
请问 一下。
Qǐngwèn yíxià.

---

② 짜이 쩌 얼 푸 진 여우 꼬우 우 쫑 신 마
在 这儿 附近 有 购物中心 吗?
Zài zhèr fùjìn yǒu gòuwùzhōngxīn ma?

---

③ 리 쩌 얼 쭈이 진 더 바이후어 상 띠엔 스 나 리
离 这儿 最近的 百货商店 是 哪里?
Lí zhèr zuìjìnde bǎihuòshāngdiàn shì nǎli?

---

④ 쩌 푸 진 여우 미엔수이띠엔 마
这 附近 有 免税店 吗?
Zhè fùjìn yǒu miǎnshuìdiàn ma?

---

⑤ 워 시앙 취 쩌 거 띠 팡
我 想 去 这个 地方。
Wǒ xiǎng qù zhège dìfang.

---

⑥ 전 머 저우 하오
怎么 走 好?
Zěnme zǒu hǎo?

---

⑦ 따오 선 머 스호우 다 저 추 서우
到 什么 时候 打折 出售?
Dào shénme shíhou dǎzhé chūshòu?

---

⑧ 나 지아 바이후어 상 디엔 카이따오 지 디엔
那家 百货商店 开到 几点?
Nàjiā bǎihuòshāngdiàn kāidào jǐdiǎn?

쇼핑

---

⑦ 打折出售 dǎzhéchūshòu 세일, 염가 매출

매장에서

❶ 어서 오십시오!

❷ 실례지만, 공예품 매장은 몇 층입니까?

❸ 장식품 매장은 몇 층입니까?

❹ 영업시간은 몇 시까지입니까?

❺ 찾으시는 물건 있으세요?

❻ 아뇨, 그냥 보는 거예요.

❼ 손목시계를 사려고 합니다.

❽ 스웨터는 어디에서 팔아요?

word

❷ 工艺品柜台 gōngyìpǐnguìtái 공예품 매장
❸ 装饰品 zhuāngshìpǐn 장식품
❹ 营业时间 yíngyèshíjiān 영업시간

⌂ MP3 07-2

① 欢迎 光临!
환잉 광린
Huānyíng guānglín!

---

② 请问, 在 几楼 卖 工艺品?
칭 원 짜이 지로우 마이 꽁 이 핀
Qǐngwèn, zài jǐlóu mài gōngyìpǐn?

---

③ 装饰品 在 几楼?
쭈앙 스 핀 짜이 지로우
Zhuāngshìpǐn zài jǐlóu?

---

④ 营业时间 到 几点?
잉 이에스 지엔 따오 지 디엔
Yíngyèshíjiān dào jǐdiǎn?

---

⑤ 您 要 买 什么?
닌 야오 마이 선 머
Nín yào mǎi shénme?

---

⑥ 不, 就 看一看。
뿌 찌우 칸 이 칸
Bù, jiù kànyikàn.

---

⑦ 我 想 买 手表。
워 시앙 마이 서우비아오
Wǒ xiǎng mǎi shǒubiǎo.

---

⑧ 毛衣 在 哪儿 卖?
마오 이 짜이 나 알 마이
Máoyī zài nǎr mài?

---

⑤ 要买 yàomǎi 찾다, 사려고 하다

⑦ 手表 shǒubiǎo 손목시계

⑧ 毛衣 máoyī 스웨터

물건 고르기

① 어떤 디자인이 유행하고 있습니까?

---

② 좀 더 밝은 색은 없나요?

---

③ 좀 더 작은 것은 없습니까?

---

④ 좀 더 큰 걸로 보여 주시겠어요?

---

⑤ 너무 비싸요. 싸게 해 주세요.

---

⑥ 가격은 모두 똑같은가요?

---

⑦ 좀 더 싼 걸로 보여 주세요.

---

⑧ 또 다른 것은 없나요?

🌐 word

① 流行 liúxíng 유행하다
② 颜色 yánsè 색, 색깔 / 艳 yàn 밝은
③ 小的 xiǎode 작은 것 ↔ 大的 dàde 큰 것

124

🎧 MP3 07-3

❶ 시엔짜이 리우싱 선 머 콴 스
现在 流行 什么 款式?
Xiànzài liúxíng shénme kuǎnshì?

❷ 이엔 써 이엔 이 디엔 더 여우 마
颜色 艳 一点的 有 吗?
Yánsè yàn yìdiǎnde yǒu ma?

❸ 짜이 시아오 이 디엔 더 여우 마
再 小 一点的 有 吗?
Zài xiǎo yìdiǎnde yǒu ma?

❹ 게이 워 칸 짜이 따 이 디엔 더 하오 마
给 我 看 再 大 一点的, 好 吗?
Gěi wǒ kàn zài dà yìdiǎnde hǎo ma?

❺ 타이 꾸이 러 짜이 피엔 이 이 디엔 바
太 贵 了。 再 便宜 一点吧。
Tài guì le. Zài piányi yìdiǎnba.

❻ 지아 거 또우 이 양 마
价格 都 一样 吗?
Jiàgé dōu yíyàng ma?

❼ 게이 워 칸 짜이 피엔 이 이 디엔 더
给 我 看 再 便宜 一点的。
Gěi wǒ kàn zài piányi yìdiǎnde.

❽ 하이여우 비에 더 마
还有 别的 吗?
Háiyǒu biéde ma?

❻ 价格 jiàgé 값, 가격, 비용
❽ 别的 biéde 다른 것

결정하기

❶ 이것은 얼마입니까?

❷ 좀 깎아 주세요.

❸ 좀 더 싸게 안 되나요?

❹ 이 쿠폰 쓸 수 있어요?

❺ 할인 되나요?

❻ 이걸로 주세요.

❼ 저걸로 주세요.

❽ 이거랑 같은 걸로 주세요.

word

❷ 优惠 yōuhuì 특혜
❸ 商品券 shāngpǐnquàn 쿠폰
　可以用 kěyǐyòng / 能用 néngyòng 쓸 수 있다

① 쩌 거 뚜어사오 치엔
这个 多少 钱?
Zhège duōshao qián?

② 게이 워 여우후이 이 디엔
给 我 优惠 一点。
Gěi wǒ yōuhuì yìdiǎn.

③ 커 부 커 이 짜이 피엔 이 이 디엔
可不可以 再 便宜 一点?
Kě bu kě yǐ zài piányi yìdiǎn?

④ 쩌 거 상 핀 취엔 커 이 용 마
这个 商品券 可以 用 吗?
Zhège shāngpǐnquàn kěyǐ yòng ma?

⑤ 커 이 다 저 마
可以 打折 吗?
Kěyǐ dǎzhé ma?

⑥ 게이 워 쩌 거
给 我 这个。
Gěi wǒ zhège.

⑦ 게이 워 나 거
给 我 那个。
Gěi wǒ nàge.

⑧ 게이 워 허 쩌 거 이양 더
给 我 和 这个 一样的。
Gěi wǒ hé zhège yíyàngde.

쇼핑

---

⑧ 一样 yíyàng 같다, 동일하다

계산하기

① 모두 얼마예요?

② 이미 계산했어요.

③ 카드로 지불할게요.

④ 현금으로 계산할게요.

⑤ 영수증 주세요.

⑥ 거스름돈이 안 맞는 것 같은데요.

⑦ (점원이) 또 들러 주세요.

⑧ 고마워요. (계산을 마치고 가게를 나올 때)

🌐 word

① 一共 yígòng 전부해서, 모두 합쳐서
③ 信用卡 xìnyòngkǎ 신용카드

이 꽁 뚜어사오 치엔
① 一共 多少 钱?
Yígòng duōshao qián?

이 징 지에짱 러
② 已经 结帐 了。
Yǐjing jiézhàng le.

용 신용 카 지에짱
③ 用 信用卡 结帐。
Yòng xìnyòngkǎ jiézhàng.

시엔 진 지에짱
④ 现金 结帐。
Xiànjīn jiézhàng.

게이 워 파 피아오
⑤ 给 我 发票。
Gěi wǒ fāpiào.

하오시앙 니 자오 게이 워 더 치엔 부뚜이
⑥ 好像 你 找 给 我的 钱 不对。
Hǎoxiàng nǐ zhǎo gěi wǒde qián búduì.

환 잉 짜이라이
⑦ 欢迎 再来。
Huānyíng zàilái.

시에시에
⑧ 谢谢。
Xièxie.

❹ 现金 xiànjīn 캐쉬, 현금

쇼핑

포장하기

❶ 포장 됩니까?

❷ 선물이니까 포장해 주세요.

❸ 따로따로 쇼핑백에 넣어 주십시오.

❹ 아뇨, 그냥 주세요. (포장이 필요없을 때)

❺ 예, 하지만 추가요금이 듭니다.

❻ 요금이 얼마죠?

❼ 10원짜리와 20원짜리가 있습니다.

❽ 그럼, 10원짜리로 해 주세요.

word

❶ 包装 bāozhuāng 포장하다, 싸다

❸ 袋子 dàizi 봉투, 쇼핑백 등
  装在…里 zhuāngzài...li ~에 넣다

130

커 이 빠오쭈앙 마
① 可以 包装 吗?
Kěyǐ bāozhuāng ma?

쩌 스 리우 칭 게이 워 빠오 이 시아
② 这 是 礼物, 请 给 我 包 一下。
Zhè shì lǐwù, qǐng gěi wǒ bāo yíxià.

칭 펀 비에 쭈앙 짜이 따이즈 리 바
③ 请 分别 装 在 袋子 里 吧。
Qǐng fēnbié zhuāng zài dàizi li ba.

부 용 러 지우 게이 워 바
④ 不用 了, 就 给 我 吧。
Búyòng le, jiù gěi wǒ ba.

커 이 딴 스 짜이 지아 이 디엔 치엔
⑤ 可以, 但是 再 加 一点 钱。
Kěyǐ, dànshì zài jiā yìdiǎn qián.

뚜어사오 치엔
⑥ 多少 钱?
Duōshao qián?

여우 스위엔 더 허 얼 스 위엔 더
⑦ 有 十元的 和 二十元的。
Yǒu shíyuánde hé èrshíyuánde.

나 찌우 스 위엔 더 바
⑧ 那 就 十元的 吧。
Nà jiù shíyuánde ba.

⑤ 要加钱 yàojiāqián 추가요금이 들다

반품 및 교환

❶ 죄송하지만, 새것으로 교환되나요?

❷ 저것으로 교환됩니까?

❸ 다른 사이즈로 교환됩니까?

❹ 이것은 흠이 나 있어요.

❺ 환불해 주세요.

❻ 언제 구입하셨습니까?

❼ 좀 전에 막 샀습니다.

❽ AS는 받을 수 있습니까?

🌐 word

❷ 换 huàn 교환하다
❸ 尺寸 chǐcun 사이즈
❹ 毛病 máobìng 흠

132

① 뿌하오 이쓰 커이 환 씬더 마
不好 意思, 可以 换新的 吗?
Bùhǎo yìsi, kěyǐ huànxīnde ma?

② 넝부넝 허 나거 환
能不能 和 那个 换?
Néngbunéng hé nàge huàn?

③ 넝부넝 환 비에더 츠춘
能不能 换 别的 尺寸?
Néngbunéng huàn biéde chǐcun?

④ 쩌거 여우 마오 삥
这个 有 毛病。
Zhège yǒu máobìng.

⑤ 게이 워 투이치엔 바
给 我 退钱 吧。
Gěi wǒ tuìqián ba.

⑥ 선 머 스호우 마이 더
什么 时候 买的?
Shénme shíhou mǎide?

⑦ 깡 깡 마이 더
刚刚 买的。
Gānggāng mǎide.

⑧ 여우 서우허우 푸 우 마
有 售后 服务 吗?
Yǒu shòuhòu fúwù ma?

쇼
핑

---

⑤ 退钱 tuìqián 환불하다

⑧ 售后服务 shòuhòufúwù 수리를 받다, AS를 받다

물건사기 ① 옷

❶ 입어 봐도 됩니까?

❷ 입어 보는 곳은 어디입니까?

❸ 좀 큰 것 같은데요.

❹ 스커트의 길이가 너무 짧아요. / 길어요.

❺ 딱 좋습니다.

❻ 좀 더 수수한 것 있습니까?

❼ 좀 더 큰 것을 보여 주세요.

❽ 이것들은 모두 진짜겠죠?

🌐 word

❶ 试穿 shìchuān 입어 보다
❷ 试衣室 shìyīshì 입어보는 곳, 탈의실
❹ 短 duǎn 짧다

134

커 이 스추안 마
① **可以 试穿 吗?**
Kěyǐ shìchuān ma?

스 이 스 짜이 나 알
② **试衣室 在 哪儿?**
Shìyīshì zài nǎr?

여우 이 디얼 따
③ **有一点儿 大。**
Yǒu yìdiǎnr dà.

췬 즈 타이 두안 러 창 러
④ **裙子 太 短 了 / 长 了。**
Qúnzi tài duǎn le cháng le.

쩡 하오
⑤ **正 好。**
Zhèng hǎo.

짜이 쑤 이 디 얼 더 여우메이여우
⑥ **再 素 一点儿的 有没有?**
Zài sù yìdiǎnr de yǒuméiyǒu?

칭 게이 워 칸 짜이 다 이 디얼 더
⑦ **请 给 我 看 再 大 一点儿的。**
Qǐng gěi wǒ kàn zài dà yìdiǎnr de.

쩌 또우 스 쩐 더 바
⑧ **这 都 是 真的 吧?**
Zhè dōu shì zhēnde ba?

쇼핑

---

⑥ **素** sù 수수하다, 소박하다
⑧ **真的** zhēnde 진짜 ↔ **假的** jiǎde 가짜

❶ 녹용을 사고 싶습니다.

❷ 이거, 이대로 먹으면 됩니까?

❸ 어른만 먹을 수 있나요?

❹ 어떻게 복용하는지 좀 써 주세요.

❺ 이건 무슨 재료로 만든 건가요?

❻ 사기예요. / 유리예요.

❼ 깨지지 않게 포장해 주세요.

❽ 이건 세관에서 걸리지 않을까요?

🌐 **word**

❶ 鹿茸 lùróng 녹용
❷ 粉末 fěnmò 분말
❸ 大人 dàrén 어른 / 小孩儿 xiǎoháir 아이

워 시앙 마이 루 룽

① 我 想 买 鹿茸。
Wǒ xiǎng mǎi lùróng.

쩌 거 쩌양 츠 커이 마

② 这个, 这样 吃 可以 吗?
Zhège, zhèyàng chī kěyǐ ma?

즈 넝 따런 용 마

③ 只 能 大人 用 吗?
Zhǐ néng dàrén yòng ma?

칭 게이 워 시에 이시아 전 머 푸융

④ 请 给 我 写 一下 怎么 服用。
Qǐng gěi wǒ xiě yíxià zěnme fúyòng.

쩌 스 용 선 머 차이랴오 쭈어 더

⑤ 这 是 用 什么 材料 做的?
Zhè shì yòng shénme cáiliào zuòde?

스 타오츠 스 뽀리

⑥ 是 陶瓷。 / 是 玻璃。
Shì táocí. Shì bōlí.

빠오쭈앙 지에 스 이 디엔 빠오쭈앙 라오 꾸 이 디엔

⑦ 包装 结实 一点。 / 包装 牢固 一点。
Bāozhuāng jiēshi yìdiǎn. Bāozhuāng láogù yìdiǎn.

쩌 거 후이 부 후이 짜이 하이 관 뻬이코우

⑧ 这个 会不会 在 海关 被扣?
Zhège huìbúhuì zài hǎiguān bèikòu?

---

④ 服用 fúyòng 복용하다

⑥ 陶瓷 táocí 도자기(사기) / 玻璃 bōlí 유리

⑦ 结实 jiēshi 단단하다, 견실하다

물건사기 ③   건전지 · 우표 등

① 사진기에 넣는 건전지가 필요해요.

② 이 필름을 현상해 주세요.

③ 우표 있습니까?

④ 최신 유행곡 CD를 사려고 합니다.

⑤ 뭔가 추천할 만한 것이 있나요?

⑥ 이거 주세요.

⑦ 더 필요하신 것 있으세요?

⑧ 이제 됐어요.

word

① 电池 diànchí 건전지
② 冲洗 chōngxǐ 현상하다

138

① 워 야오 짜오시앙지 더 띠엔 츠
我 要 照相机的 电池。
Wǒ yào zhàoxiàngjīde diànchí.

---

② 칭 바 쩌 거 지아오쥐엔 총 시 이 시아
请 把 这个 胶卷 冲洗 一下。
Qǐng bǎ zhège jiāojuǎn chōngxǐ yíxià.

---

③ 여우 여우피아오 마
有 邮票 吗?
Yǒu yóupiào ma?

---

④ 워 야오 마이 쭈이 신 리우싱 꺼 더 CD
我 要 买 最新 流行歌的 CD。
Wǒ yào mǎi zuìxīn liúxínggēde CD.

---

⑤ 여우메이여우 즈 더 게이 워 투이지엔 더
有没有 值得 给 我 推荐的?
Yǒuméiyǒu zhídé gěi wǒ tuījiànde?

---

⑥ 게이 워 쩌 거
给 我 这个。
Gěi wǒ zhège.

---

⑦ 닌 하이 야오 비에 더 마
您 还 要 别的 吗?
Nín hái yào biéde ma?

---

⑧ 하오 러 꼬우 러
好 了。 / 够 了。
Hǎo le. Gòu le.

---

③ 邮票 yóupiào 우표

　纪念邮票 jìniànyóupiào 기념우표

④ 最新 zuìxīn 최신

가게의 종류

공예품점	工艺品店	gōngyìpǐndiàn
도장재료전문점	印章材料专卖店	yìnzhāngcáiliào zhuānmàidiàn
문구점	文具店	wénjùdiàn
백화점	百货商店	bǎihuòshāngdiàn
서점	书店	shūdiàn
선물가게	礼物店	lǐwùdiàn
신발가게	鞋店	xiédiàn
차전문점	茶专卖店	cházhuānmàidiàn
카메라점	照相机店	zhàoxiàngjīdiàn
한약 전문점	中药专卖店	zhōngyàozhuānmàidiàn

한방약 · 공예품 · 문방사우

한방약

강장제	补药	bǔyào
녹용	鹿茸	lùróng
로얄제리	王浆	wángjiāng
인삼	人参	rénshēn
탕제	汤药	tāngyào
한약	中药	zhōngyào

공예품

골동품	古董	gǔdǒng
도자기	陶瓷	táocí
실크스카프	丝绸围巾	sīchóuwéijīn
인형	娃娃	wáwa
자수	刺锈	cìxiù
전통공예품	传统工艺品	chuántǒnggōngyìpǐn
족자	壁画	bìhuà
중국화	中国画	Zhōngguóhuà
테이블보	桌布	zhuōbù

문방사우

도장재료	印章材料	yìnzhāngcáiliào
먹	墨	mò
문방사우	文房四宝	wénfángsìbǎo
벼루	砚	yàn
붓	毛笔	máobǐ
옥/나무	玉石 / 木头	yùshí / mùtou
조각칼	刻刀	kèdāo
종이	纸	zhǐ
편지지	信纸	xìnzhǐ

쇼
핑

색 · 크기 등에 관한 말

가볍다	轻	qīng
검다	黑	hēi
낮다	低	dī
노랗다	黄	huáng
높다	高	gāo
높이	高度	gāodù
더럽다	脏	zāng
둥글다	圆	yuán
무겁다	重	zhòng
빨갛다	红	hóng
밝다	亮	liàng
비싸다	贵	guì
싸다	便宜	piányi
새롭다	新鲜	xīnxiān
색	颜色	yánsè
쉽다	容易	róngyì
어둡다	暗	àn
없다	没有	méiyǒu
오래되다	旧	jiù
어렵다	难	nán

바쁘다	忙	máng
젊다	年轻	niánqīng
크기	多大	duōdà
파랗다	蓝	lán
하얗다	白	bái

 약국에서 살 수 있는 것

감기약	感冒药	gǎnmàoyào
반창고	护创胶布	hùchuāngjiāobù
밴드	创可贴	chuāngkětiē
붕대	绷带	bēngdài
소독약	消毒药	xiāodúyào
소화제	消化药	xiāohuàyào
안약	眼药	yǎnyào
약	药	yào
약국	药房(药店)	yàofáng(yàodiàn)
위장약	胃药	wèiyào
진통제	止痛药	zhǐtòngyào
탈지면	药棉	yàomián

쇼핑

생생미니여행정보 관광

1. 중국은 언제 가면 좋을까?

중국 여행은 성수기냐 비수기냐에 따라 여행 경비에 큰 차이가 난다. 특히 성수기(5월 노동절기간 4월말~5월초, 10월 국경절기간 9월말~10월초)에 여행을하려면 항공권과 호텔 등을 미리 예약해야 한다. 이때를 피하면 저렴한 가격으로 여행을 즐길 수 있다. 그리고 겨울보다는 늦봄에서 가을까지 돌아다니기 적당하다. 북경, 천진은 봄에는 황사가 심하기 때문에 2월 중순~4월 초순은 피하는 것이 좋으며 가장 좋은 시기로는 9~10월이다. 백두산 관광은 6월~8월 초순이 가장 좋으며 9~4월은 날씨가 추운 관계로 피하는 것이 좋다. 또한 연변, 하얼빈, 심양 등의 동북지방은 겨울 여행은 가급적 피하는 것이 좋다. 날씨가워낙 춥기 때문에 제대로 움직일 수가 없다. 단, 하얼빈에서는 12월말~1월 초순까지 빙등제(冰灯节 Bīngdēngjié)를 만끽할 수 있다. 상해, 항주, 소주 지역은 4~6월과 9~10월이 가장 좋은 시기이다.

2. 중국에서 가볼 만한 곳 BEST 5

● 세계에서 가장 큰 방어성 건축물인 북경의 만리장성(万里长城 Wànlǐchángchéng)

● 북경의 고궁박물관 자금성(故宫 Gùgōng)

● 자연에 동화되는 감정을 절로 느낄 수 있는 리강(丽江 Lìjiāng)

● 중국의 고대 역사와 문화를 탐방할 수 있는 진시황의 병마용(兵马俑 Bīngmǎyǒng)

● 서부의 고원에서 시작하여 중국 대륙을 횡단하는 장강(长江 Chángjiāng) 유람. 장강 크루즈여행도 인기가 있다.

병마용
兵马俑 Bīngmǎyǒng

만리장성
万里长城 Wànlǐchángchéng

3. 중국 여행을 더 신나게 하는 볼거리들

● 전통극

지방극 중에서 가장 대중들의 호응이 높은 경극은 여행 중에 한 번 볼만하다. 공연은 1시간 내외로 비교적 짧고, 10분마다 무대와 내용이 바뀌면서 전개되어 전혀 지루하지 않다.

● 소수민족 공연

중국의 소수민족들은 일정지역에서 그들끼리 많이 모여 살고 이 지역을 여행할 때면 소수민족 나름대로의 민속촌이 꾸며져 있는 곳이 많고 대개 고유의 민속 공연을 볼 수 있다. 특히 위구르족이 많이 거주하는 실크로드 지방, 동양의 하와이라는 해남도, 계림을 끼고 있는 광서장족 자치구 지역 등에는 각종 공연이 많다.

● 서커스

중국어로 '杂技(zájì)'라고 하는데 마술, 곡마, 묘기 등 여러 가지 다양한 기예들을 집대성한 것으로 중국 고유의 전통예술이다. 북경잡기단이나 상해잡기단이 유명하며 북경이나 상해에서는 어느 때나 관람이 가능하다.

관광

● 렌터카 이용

먼저 본인이 운전할 경우는 반드시 현지의 보증인이 있어야 하며 현지의 운전면허증이 있어야 한다. 여행을 가서 렌터카를 이용하는 경우는 반드시 운전사를 포함하여 차를 대여해야 하는데, 중국에서의 렌터카는 돈을 내고 대여하는 의미로 택시와 같이 쓰이며 따로 택시와 구분하려고 한다면 的士(díshì)라고도 한다.

시내 관광

① 관광안내소는 어디에 있습니까?

② 시내 지도 있어요?

③ (이 도시의) 가 볼 만한 곳을 가르쳐 주세요.

④ 어디에서 시내를 전망할 수 있습니까?

⑤ 이화원을 관광하고 싶습니다.

⑥ 거기는 택시로 갈 수 있어요?

⑦ 갈아타지 않고 한 번에 갈 수 있는 곳인가요?

⑧ 천안문역에서 갈아타세요.

🌐 word

① 旅游询问处 lǚyóu xúnwènchù 관광안내소
② 市内 shìnèi 시내
④ 展望 zhǎnwàng 전망하다, 두루 바라보다

146

①
류 요우 쉰 원 추 짜이 나 알
旅游询问处 在 哪儿?
Lǚyóu xúnwènchù zài nǎr?

②
스 네이 띠 투 여우 마
市内 地图 有 吗?
Shìnèi dìtú yǒu ma?

③
까오 쑤 워 취 선 머 띠팡 하오
告诉 我 去 什么 地方 好。
Gàosu wǒ qù shénme dìfang hǎo.

④
짜이 선 머 띠팡 커 이 잔 왕 스 네이
在 什么 地方 可以 展望 市内?
Zài shénme dìfang kěyǐ zhǎnwàng shìnèi?

⑤
워 시앙 취 꽝 꽝 이 허 위엔
我 想 去 逛逛 颐和园。
Wǒ xiǎng qù guàngguang Yíhéyuán.

⑥
따오 나 리 쭈어 추 주 처 취 커 이 마
到 那里 坐 出租车 去 可以 吗?
Dào nàli zuò chūzūchē qù kěyǐ ma?

⑦
부 환 처 커 이 즈 지에 따오 나 알 마
不换车 可以 直接 到 那儿 吗?
Búhuànchē kěyǐ zhíjiē dào nàr ma?

⑧
칭 짜이 티엔 안 먼 짠 환 처
请 在 天安门站 换 车。
Qǐng zài Tiān'ānménzhàn huàn chē.

관광

⑦ 换 huàn / 转 zhuǎn 갈아타다

⑧ 直接 zhíjiē 한번에

147

관광지에서 ①

❶ 입장료는 얼마예요?

❷ 어른 한 장 주세요.

❸ 몇 시까지 열어요?

❹ 짐 좀 맡아 주시겠습니까?

❺ 짐 보관소는 어디에 있어요?

❻ 박물관 팜플렛 있어요?

❼ 여기에서 사진을 찍어도 됩니까?

❽ 플래시를 터뜨려도 됩니까?

🌐 word

❶ 门票 ménpiào 입장료, 입장권

❷ 成人 chéngrén 어른 / 学生 xuésheng 학생

　 小孩儿 xiǎoháir 어린이

MP3 08-2

① 먼 피아오 뚜어사오 치엔
门票 多少 钱?
Ménpiào duōshao qián?

② 이 장 청 런 더
一张 成人的。
Yìzhāng chéngrénde.

③ 따오 지 디엔 카이
到 几点 开?
Dào jǐdiǎn kāi?

④ 바 워 더 싱 리 바오관 이 시아 커 이 마
把 我的 行李 保管 一下 可以 吗?
Bǎ wǒde xíngli bǎoguǎn yíxià kěyǐ ma?

⑤ 짜이 나 알 여우 지 춘 싱 리 더
在 哪儿 有 寄存 行李的?
Zài nǎr yǒu jìcún xínglide?

⑥ 여우 보 우 관 지에사오셔우 처 마
有 博物馆 介绍手册 吗?
Yǒu bówùguǎn jièshàoshǒucè ma?

⑦ 짜이 쩌 얼 커 이 파이 짜오피엔 마
在 这儿 可以 拍 照片 吗?
Zài zhèr kěyǐ pāi zhàopiàn ma?

⑧ 다 산 광 커 이 마
打 闪光 可以 吗?
Dǎ shǎnguāng kěyǐ ma?

관광

---

⑥ 博物馆 bówùguǎn 박물관

⑦ 拍照 pāizhào 사진을 찍다

⑧ 打闪光 dǎshǎnguāng 플래시를 터뜨리다

149

관광지에서 ②

❶ 사진 좀 찍어 주시겠습니까?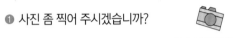

❷ 여기를 누르기만 하면 됩니다.

❸ 같이 사진 찍으실래요?

❹ 한 번 더 부탁합니다.

❺ 사진을 보내드리고 싶은데요….

❻ 주소를 적어 주시겠습니까?

❼ (찍어주셔서) 고맙습니다!

❽ (즉석 사진을 주면서) 받으세요.

word

❷ 按 àn 누르다
❸ 和…一起 hé…yìqǐ ~와 함께, 같이
❹ 再来一次 zàilái yícì 한 번 더

칭 원 빵 워 파이 이 장 짜오피엔 커 이 마
❶ 请问, 帮 我 拍 一 张 照片 可以 吗?
Qǐngwèn, bāng wǒ pāi yìzhāng zhàopiàn kěyǐ ma?

짜이 쩌얼 안 이시아 지우 커 이 러
❷ 在 这儿 按 一下 就 可以 了。
Zài zhèr àn yíxià jiù kěyǐ le.

허 워 이 치 파이 짜오피엔 하오 마
❸ 和 我 一起 拍 照片, 好 吗?
Hé wǒ yìqǐ pāi zhàopiàn, hǎo ma?

칭 짜이라이 이 츠
❹ 请 再来 一次。
Qǐng zàilái yícì.

워 시앙 바 짜오피엔 찌 게이 닌
❺ 我 想 把 照片 寄 给 您。
Wǒ xiǎng bǎ zhàopiàn jì gěi nín.

게이 워 시에 니더 띠즈 커 이 마
❻ 给 我 写 你的 地址 可以 吗?
Gěi wǒ xiě nǐde dìzhǐ kěyǐ ma?

시에시에
❼ 谢谢!
Xièxie!

게이 니
❽ 给 你。
Gěi nǐ.

📷

관
광

❺ 寄 jì 보내다
❻ 地址 dìzhǐ 주소

151

길 묻기

① 기차역으로 어떻게 가는지 알려 주세요.

② 뭔가 표시가 될 만한 것이 있습니까?

③ 걸어서 갈 수 있습니까?

④ (지도를 보이면서) 현재 위치를 가르쳐 주세요.

⑤ 이 거리의 이름은 뭐예요?

⑥ 버스를 타는 게 어떨까요?

⑦ 북쪽이 어느 쪽입니까?

⑧ 길을 잃어버렸어요.

🌐 word

① 火车站 huǒchēzhàn 기차역
② 标志 biāozhì 표시
⑤ 路 lù 거리

①
칭 까오 쑤 워 취 후어처짠 전 머 저우
请 告诉 我 去 火车站 怎么 走。
Qǐng gàosu wǒ qù huǒchēzhàn zěnme zǒu.

②
여우 선 머 비아오즈 마
有 什么 标志 吗?
Yǒu shénme biāozhì ma?

③
넝 저우저 취 마
能 走着 去 吗?
Néng zǒuzhe qù ma?

④
칭 까오 쑤 워 워 시엔짜이 짜이 나알
请 告诉 我 我 现在 在 哪儿。
Qǐng gàosu wǒ wǒ xiànzài zài nǎr.

⑤
쩌 티아오 루 찌아오 선 머 루
这 条 路 叫 什么 路?
Zhè tiáo lù jiào shénme lù?

⑥
쭈어 꽁 꽁 치 처 하오 마
坐 公共汽车 好 吗?
Zuò gōnggòngqìchē hǎo ma?

⑦
베이비엔 스 나 거 팡 시앙
北边 是 哪个 方向?
Běibiān shì nǎge fāngxiàng.

⑧
워 미 루 러
我 迷路 了。
Wǒ mílù le.

관광

---

⑥ 坐公共汽车 zuò gōnggòngqìchē 버스를 타다

⑧ 迷路 mílù 길을 잃다

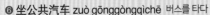

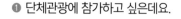

투어 관광 ①

❶ 단체관광에 참가하고 싶은데요.

❷ 어떤 관광이 있습니까?

❸ 만리장성에 가는 코스가 있나요?

❹ 경극을 보는 관광 있어요?

❺ 어떤 관광이 인기가 있어요?

❻ 한국어를 할 수 있는 가이드는 있나요?

❼ 여기에서 예약할 수 있나요?

❽ 식사 포함인가요?

word

❶ 旅游 lǚyóu 관광여행
❸ 长城 Chángchéng 만리장성
❹ 京剧 jīngjù 경극

① 我 要 参加 旅游团。
워 야오 찬 지아 뤼 여우투안
Wǒ yào cānjiā lǚyóutuán.

② 有 什么 旅游项目?
여우 선 머 뤼 여우시앙 무
Yǒu shénme lǚyóuxiàngmù?

③ 有 参观 长城的 旅游路程 吗?
여우 찬 관 창 청 더 뤼 여우루 청 마
Yǒu cānguān Chángchéngde lǚyóulùchéng ma?

④ 有 参观 京剧的 旅游 吗?
여우 찬 관 찡 쥐 더 뤼 여우 마
Yǒu cānguān jīngjùde lǚyóu ma?

⑤ 什么样的 旅游 流行?
선 머 양 더 뤼 여우 리우 싱
Shénmeyàngde lǚyóu liúxíng?

⑥ 有 会说 韩语的 导游 吗?
여우 후이수어 한 위 더 다오여우 마
Yǒu huìshuō Hányǔde dǎoyóu ma?

⑦ 在 这儿 可以 预订 吗?
짜이 쩌얼 커 이 위딩 마
Zài zhèr kěyǐ yùdìng ma?

⑧ 包括 吃饭 吗?
빠오쿠어 츠 판 마
Bāokuò chīfàn ma?

관광

⑥ 会说 huì shuō 말할 수 있다

导游 dǎoyóu 가이드

155

투어 관광 ②

❶ 저 건물은 뭐예요?

❷ 언제 세워졌습니까?

❸ 저것은 무슨 강(산)이죠?

❹ 앞으로 얼마 후에 도착합니까?

❺ 치엔먼호텔에서 내릴 수 있어요?

❻ 고마워요. 매우 즐거웠습니다.

❼ 우와! 굉장하네요!

❽ 귀엽다. / 예쁘다.

🌐 word

❶ 建筑物 jiànzhùwù 건물
❸ 江 jiāng 강 / 山 shān 산
❺ 下车 xiàchē 차에서 내리다

① 那个 建筑物 是 什么?
나 거 지엔쭈우 스 선 머
Nàge jiànzhùwù shì shénme?

② 什么 时候 建成 的?
선 머 스호우 지엔 청 더
Shénme shíhou jiànchéngde?

③ 那 是 什么 江(山)?
나 스 선 머 지앙 산
Nà shì shénme jiāng shān?

④ 还 要 多长 时间 能 到?
하이 야오 뚜어 창 스 지엔 넝 따오
Hái yào duōcháng shíjiān néngdào?

⑤ 在 前门饭店 可以 下车 吗?
짜이 치엔 먼 판 디엔 커 이 시아 처 마
Zài Qiánménfàndiàn kěyǐ xiàchē ma?

⑥ 谢谢。我 玩儿 得 很 高兴。
시에시에 워 왈 더 헌 까오 씽
Xièxie. Wǒ wánr de hěn gāoxìng.

⑦ 哇! 好 状观 哪!
와 하오 쭈앙 관 나
Wā! Hǎo zhuàngguān na!

⑧ 可爱。/ 漂亮。
커 아이 피아오 량
Kě'ài. Piàoliang.

관광

---

⑥ 高兴 gāoxìng 기쁘다, 즐겁다
⑦ 状观 zhuàngguān 굉장한, 놀랄 정도의

157

엔터테인먼트 ❶   콘서트 · 영화

❶ 전시회 팜플렛 있습니까?

❷ 콘서트에 가고 싶습니다.

❸ 영화를 보고 싶은데요.

❹ 영화는 몇 시에 시작합니까?

❺ 입장료가 포함되어 있습니까?

❻ 경극은 어디에서 볼 수 있습니까?

❼ 표를 예매할 수 있습니까?

❽ 가장 비싼(싼) 좌석은 얼마입니까?

word

❸ 电影 diànyǐng 영화
❺ 包括 bāokuò 포함하다
❻ 京剧 jīngjù 경극

🎧 MP3 08-7

① 여우메이여우 잔 란 후이 지에사오서우 처
有没有 展览会 介绍手册?
Yǒuméiyǒu zhǎnlǎnhuì jièshào shǒucè?

② 워 시앙 취 팅 인 위에후이
我 想 去 听 音乐会。
Wǒ xiǎng qù tīng yīnyuèhuì.

③ 워 시앙 칸 띠엔 잉
我 想 看 电影。
Wǒ xiǎng kàn diànyǐng.

④ 띠엔 잉 지 디엔 카이스 너
电影 几点 开始 呢?
Diànyǐng jǐdiǎn kāishǐ ne?

⑤ 빠오쿠어 루 창 페이 마
包括 入场费 吗?
Bāokuò rùchǎngfèi ma?

⑥ 찡 쮜 짜이 나 리 커이 칸 너
京剧 在 哪里 可以 看 呢?
Jīngjù zài nǎli kěyǐ kàn ne?

⑦ 커 이 위 띵 피아오 마
可以 预订 票 吗?
Kěyǐ yùdìng piào ma?

⑧ 쭈이 꾸이 피엔 이 더 쭈어웨이 뚜어사오 치엔
最 贵(便宜)的 座位 多少 钱?
Zuì guì piányi de zuòwèi duōshao qián?

관광

---

⑦ 票 piào 티켓, 표
⑧ 最便宜的 zuì piányi de 가장 싼
最贵的 zuì guì de 가장 비싼

159

❶ 티켓 두 장 예약해 주세요.

❷ 경극을 보고 싶습니다.

❸ 오늘 공연 있습니까?

❹ 몇 시에 시작합니까?

❺ 프로그램표 한 장 주시겠어요?

❻ 골프 / 테니스를 치고 싶습니다.

❼ 골프채를 빌리고 싶은데요….

❽ 팁을 줘야 하나요?

🌐 word

❷ 京剧 jīngjù 경극

❸ 表演 biǎoyǎn 공연

❼ 高尔夫杆 gāo'ěrfūgǎn 골프채

⌂ MP3 08-8

❶ 워 야오 띵 량 장 피아오
我 要 订 两 张 票。
Wǒ yào dìng liǎng zhāng piào.

❷ 워 시앙 칸 찡 쥐
我 想 看 京剧。
Wǒ xiǎng kàn jīngjù.

❸ 찐 티엔 여우 비아오이엔 마
今天 有 表演 吗?
Jīntiān yǒu biǎoyǎn ma?

❹ 지 디엔 카이스 너
几点 开始 呢?
Jǐdiǎn kāishǐ ne?

❺ 커 이 게이 워 이 짱 지에 무 비아오 마
可以 给 我 一张 节目表 吗?
Kěyǐ gěi wǒ yìzhāng jiémùbiǎo ma?

❻ 워 야오 다 까오 얼 푸 치우 / 왕 치우
我 要 打 高尔夫球 / 网球。
Wǒ yào dǎ gāo'ěrfūqiú / wǎngqiú.

❼ 워 시앙 찌에 까오 얼 푸 깐
我 想 借 高尔夫杆。
Wǒ xiǎng jiè gāo'ěrfūgǎn.

❽ 야오 게이 시아오페이 마
要 给 小费 吗?
Yào gěi xiǎofèi ma?

관광

---

❽ 给小费 gěi xiǎofèi 팁을 주다

161

엔터테인먼트 ③ 나이트클럽 · 가라오케 등

❶ 이 근처에 나이트클럽 있습니까?

❷ 네 사람이면 보통 얼마 정도 나오죠?

❸ 가라오케에 가고 싶어요.

❹ 입장료는 얼마예요?

❺ 이건 유료입니까?

❻ 서커스 공연은 어디서 하죠?

❼ 산책할 만한 곳을 알려 주세요.

❽ 오늘 정말 즐거웠습니다.

🌐 word

❶ 迪斯科厅 dísīkētīng 나이트클럽
❷ 四个人 sìgerén 네 사람
❸ 卡拉OK kǎlāOK 가라오케

① 쩌 얼 푸 진 여우메이여우 디 스 커 팅
这儿 附近 有没有 迪斯科厅?
Zhèr fùjìn yǒuméiyǒu dísīkētīng?

② 쓰 거 런 더 화 이 빤 뚜어사오 치엔
四个人的 话 一般 多少 钱?
Sìgérén de huà yìbān duōshao qián?

③ 워 시앙 취 카 라 오케이
我 想 去 卡拉OK。
Wǒ xiǎng qù kǎlāOK.

④ 먼 피아오 뚜어사오 치엔
门票 多少 钱?
Ménpiào duōshao qián?

⑤ 쩌 스 서우페이 더 마
这 是 收费的 吗?
Zhè shì shōufèide ma?

⑥ 짜이 나 리 여우 자 찌 비아오이엔
在 哪里 有 杂技 表演?
Zài nǎli yǒu zájì biǎoyǎn?

⑦ 까오 쑤 워 스 허 싼 뿌 더 하오 띠 팡
告诉 我 适合 散步的 好地方。
Gàosu wǒ shìhé sànbùde hǎodìfang.

⑧ 찐 티엔 하오 카이 신
今天 好 开心。
Jīntiān hǎo kāixīn.

관광

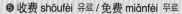

⑤ 收费 shōufèi 유료 / 免费 miǎnfèi 무료

⑥ 杂技 zájì 서커스

⑦ 散步 sànbù 산책

렌터카 대여

❶ 여보세요, 대중렌트카입니까?

❷ 뭘 도와 드릴까요?

❸ 차를 빌리고 싶은데 하루에 얼마죠?

❹ 하루에 8시간 표준요금이 540원입니다.

❺ 단 도로비, 주유비, 주차비 등은 본인 부담입니다.

❻ 내일 오전 10시부터 오후 6시까지 사용하고 싶습니다.

❼ 그러면 어디에서 기다리면 좋을까요?

❽ 상해 홍교공항 주차장에서 오전 10시에 만나죠.

🌐 word

❶ 出租公司 chūzūgōngsī 렌터카 회사
❷ 帮助 bāngzhù 도와주다

🎧 MP3 08-10

웨이 스 따쭝 추주 꿍쓰 마
① 喂, 是 大众 出租 公司 吗?
Wéi, shì Dàzhòng chūzū gōngsī ma?

닌 쉬야오 빵망 마
② 您 需要 帮忙 吗?
Nín xūyào bāngmáng ma?

워 시앙 주 처 이 티엔 뚜어사오 치엔
③ 我 想 租车, 一天 多少 钱?
Wǒ xiǎng zūchē, yìtiān duōshao qián?

이 티엔 빠 거 시아오스 꿍 우바이 쓰스위엔
④ 一天 八个 小时 共 五百 四十元。
Yìtiān bā ge xiǎoshí gòng wǔbǎi sìshíyuán.

딴 스 따오 루 페이 지아요우페이 팅 처 페이 야오 쯔 푸
⑤ 但是 道路费、加油费、停车费 要 自付。
Dànshì dàolùfèi, jiāyóufèi, tíngchēfèi yào zìfù.

워 시앙 총 밍티엔 상 우 스 디엔 따오 시아 우 리우디엔 용 처
⑥ 我 想 从 明天 上午 十点 到 下午 六点 用 车。
Wǒ xiǎngcóng míngtiān shàngwǔ shídiǎn dào xiàwù liùdiǎn yòng chē.

나 머 짜이 나 알 덩 니 너
⑦ 那么 在 哪儿 等 你 呢?
Nàme zài nǎr děng nǐ ne?

상 우 스 디엔 쭝 짜이 상하이 훙 치아오 찌 창 팅 처 창 찌엔미엔
⑧ 上午 十点钟 在 上海 虹桥机场 停车场 见面。
Shàngwǔ shídiǎnzhōng zài Shànghǎi Hóngqiáojīchǎng tíngchēchǎng jiànmiàn.

관
광

⑤ 加油 jiāyóu 주유
※ 充电 chōngdiàn 충전

165

이발소/미용실 이용

❶ 이발하는 데 얼마죠?

❷ 15원입니다.

❸ 머리 안마(발 안마)는 얼마입니까?

❹ 10원입니다.

❺ 어떻게 잘라 드릴까요?

❻ 짧게 잘라 주세요.

❼ 단정하게 정리해 주세요.

❽ 파마를 하고 싶은데요.

word

❸ 按摩 ànmó 안마
脚 jiǎo 발

①
리 파 야오 뚜어사오 치엔
理发 要 多少 钱?
Lǐfà yào duōshao qián?

---

②
스 우 위엔
十五元。
Shíwǔyuán.

---

③
토우 부 안 모 지아오 부 안 모 야오 뚜어사오 치엔
头部 按摩(脚部 按摩) 要 多少 钱?
Tóubù ànmó jiǎobù ànmó yào duōshao qián?

---

④
스 위엔
十元。
Shíyuán.

---

⑤
닌 야오 지엔 선 머 양 더 파싱
您 要 剪 什么样的 发型?
Nín yào jiǎn shénmeyàngde fàxíng?

---

⑥
지엔두안 이 디엔 바
剪短 一点 吧。
Jiǎnduǎn yìdiǎn ba.

---

⑦
리 더 정 치 이 디엔 바
理得 整齐 一点 吧。
Lǐde zhěngqí yìdiǎn ba.

---

⑧
워 시앙 탕 파
我 想 烫发。
Wǒ xiǎng tàngfà.

관
광

---

⑤ **剪 jiǎn** 깍다
发型 fàxíng 헤어스타일
⑧ **烫发 tàngfà** 파마

길거리 관련 단어

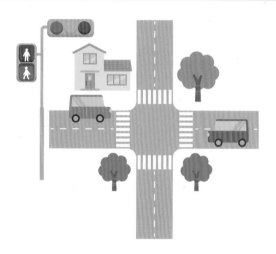

공중전화	公用电话	gōngyòngdiànhuà
교통표지	交通标志	jiāotōngbiāozhì
기차역	火车站	huǒchēzhàn
사거리	十字路口	shízìlùkǒu
신호등	红绿灯	hónglǜdēng
야시장	夜市	yèshì
우체통	邮筒	yóutǒng
현금자동인출기	取款机	qǔkuǎnjī
횡단보도	人行横道	rénxínghéngdào

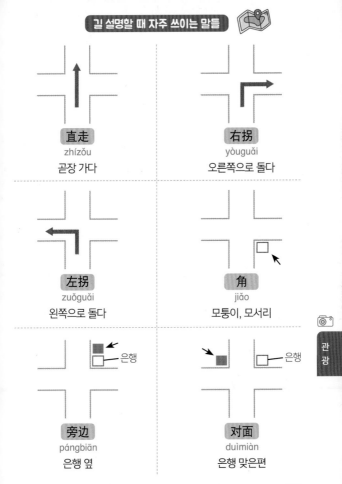

길 설명할 때 자주 쓰이는 말들

直走
zhízǒu
곧장 가다

右拐
yòuguǎi
오른쪽으로 돌다

左拐
zuǒguǎi
왼쪽으로 돌다

角
jiǎo
모퉁이, 모서리

은행

旁边
pángbiān
은행 옆

은행

对面
duìmiàn
은행 맞은편

관광

1. 중국에서의 전화

공중전화는 '공용띠엔화'(**共用电话** gòngyòng diànhuà)라고 한다. 중국의 공중전화는 대부분 IC 카드라는 전화카드를 사용한다. 공중전화 부스는 중국어로 표시되어 있고, 사용법은 한국의 카드공중전화기와 비슷하다. 공중전화는 주로 중국 내 통화를 위한 것으로, 국제 전화(**国际长途电话** guójì chángtúdiànhuà)를 걸려면 국제 전화 카드나 국제 전화서비스를 사용해야 한다. 최근에는 휴대전화가 널리 보급되어 공중전화이용이 감소하고 있다.

2. 중국에서 국제 전화 거는 법

고급호텔에서는 외선번호를 돌리면 직접 국제전화를 거는 것이 가능하다. 하지만 지방도시나 초대소, 규모가 작은 호텔 등에서는 직접 거는것은 어렵고 프런트에 신청해야 하는 경우도 있다.

> 국제전화 거는 방법

❶ 중국통신사를 통해 한국으로 전화할 때(한국 식별 번호 82)
   국제전화 서비스번호(00, 12593, 17911 등) ➡ 한국 번호(82) ➡ 0을 뺀 지역번호 ➡ 상대방 전화번호

> 예) 유선전화 02-123-4567로 전화할 경우 00-82-2-123-4567
> 예) 휴대폰 010-1234-5678로 전화할 경우 00-82-10-1234-5678

❷ 한국에서 중국에 전화할 때(중국 식별 번호 86)
   국제전화 서비스번호(001, 002, 00700) ➡ 중국 번호(86) ➡ 0을 뺀 지역번호 ➡ 상대방 전화번호

> 예) 유선전화 010(베이징)-1234-5678로 전화할 경우
>   001(또는 002)-86-10-1234-5678
> 예) 휴대폰 138-123-4567로 전화할 경우
>   001-86-130-1234-5678

중국 지역별 전화번호			
베이징 (Beijing)	010	난징 (Nanjing)	025
상하이 (Shanghai)	021	우한 (Wuhan)	027
광저우 (Guangzhou)	020	시안 (Xian)	029
톈진 (Tianjin)	022	항저우 (Hangzhou)	0571

페이천국 중국! 중국 여행시 외국인을 위한 필수 앱

· WeChat (微信): WeChat은 중국에서 가장 인기 있는 앱이자 소셜 미디어 플랫폼이다. 친구와 연락하고, 지불 및 이체를 하며, 실시간 메시지 및 통화를 주고받는 데 사용된다.
· Alipay (支付宝): Alipay는 중국의 주요 디지털 지불 및 금융 서비스 플랫폼 중 하나로 위챗페이와 함께 대표적인 페이앱이다.
· Didi Chuxing (滴滴出行): Didi Chuxing은 중국의 주요 라이드 쉐어링 서비스 플랫폼으로, 택시 또는 자동차 쉐어링을 예약하고 사용할 수 있다.
· Baidu Maps (百度地图): Baidu Maps는 중국의 지도 및 내비게이션 앱으로, 여행지를 찾거나 길을 찾는 데 도움을 준다.

3. 우편과 소포

호텔 안에 우체국이 있는 곳이 많으므로 이곳을 이용하거나 호텔의 프런트에서 대행해 준다. 소포는 항공편과 택배편은 빨리 도착하지만 요금이 비싸고 선박편은 시간이 걸리는 대신 요금이 싸다.

4. 택배를 이용할 때

일반적인 국제택배서비스(국제특송)의 이용은 한국과 같다. 중국에는 한국 특송회사들이 북경, 청도, 대련 등지의 현지 한국인 투자업체들을 중심으로 많이 진출을 해 있으며 가격도 비교적 저렴한 편이고, 특히 언어문제를 해결할 수 있기 때문에 현지의 교민소식지 등에 나와 있는 한국의 특송업체들을 이용하는 것도 좋다.

우체국에서

① 이 근처에 우체통 있어요?

② 우체국은 어디에 있어요?

③ 이거 항공편으로 부치려고 하는데요.

④ 요금은 얼마예요?

⑤ 얼마나 걸리죠?

⑥ 이거 특급우편으로 보내고 싶은데요.

⑦ 안에 뭐가 들어 있죠? / 책입니다.

⑧ 여기엔 뭘 쓰면 되죠? (신청서 등 작성시)

word

① 邮筒 yóutǒng 우체통
② 邮局 yóujú 우체국

쩌 푸 찐 여우 여우통 마
① 这 附近 有 邮筒 吗?
Zhè fùjìn yǒu yóutǒng ma?

여우 쥐 짜이 나 알
② 邮局 在 哪儿?
Yóujú zài nǎr?

워 야오 바 쩌 거 찌 항콩신
③ 我 要 把 这个 寄 航空信。
Wǒ yào bǎ zhège jì hángkōngxìn.

페이 용 뚜어사오 치엔
④ 费用 多少 钱?
Fèiyòng duōshao qián?

쉬 야오 뚜어 창 스 지엔
⑤ 需要 多长 时间?
Xūyào duōcháng shíjiān?

워 야오 바 쩌 거 찌 터 콰이쭈안 띠
⑥ 我 要 把 这个 寄 特快专递。
Wǒ yào bǎ zhège jì tèkuàizhuāndì.

리 미엔 여우 선 머 똥시 스 수
⑦ 里面 有 什么 东西? / 是 书。
Lǐmiàn yǒu shénme dōngxi? Shì shū.

짜이 쩌 리 티엔 선 머
⑧ 在 这里 填 什么?
Zài zhèlǐ tián shénme?

③ 航空信 hángkōngxìn 항공편

⑥ 特快专递 tèkuàizhuāndì 특급우편

※ EMS(=Express Mail Service) 국제특급우편

전화 ①

❶ 여보세요, 저는 김진수라고 하는데요.

❷ 왕수어 씨 계십니까?

❸ 왕수어 씨 좀 부탁드립니다.

❹ 왕수어 씨는 지금 나가고 안 계십니다.

❺ 왕수어 씨는 지금 자리를 비우셨습니다.

❻ 다른 전화를 받고 계십니다.

❼ 잠깐만 기다리세요.

❽ 죄송하지만, 왕수어 씨 좀 바꿔 주십시오.

🌐 word

❶ 喂 wéi 여보세요(전화에서).

❺ 不在 búzài 나가고 없다, 자리를 비우다

❻ 接另外电话 jiē lìngwài diànhuà 다른 전화를 받다

174

① 웨이 워 찌아오 진 쩐 시유
喂, 我 叫 金 真 秀。
Wéi, wǒ jiào Jīn Zhēn xiù.

② 왕 수어 짜이 마
王 硕 在 吗?
Wáng shuò zài ma?

③ 워 자오 왕 수어
我 找 王 硕。
Wǒ zhǎo Wáng shuò.

④ 왕 수어 이징 추 취 러
王 硕 已经 出去 了。
Wáng shuò yǐjing chūqù le.

⑤ 왕 수어 부 짜이
王 硕 不在。
Wáng shuò búzài.

⑥ 타 쩡 짜이 지에 띠엔 화
他 正在 接 电话。
Tā zhèngzài jiē diànhuà.

⑦ 칭 사오덩 칭 덩 이 시아
请 稍等。/ 请 等 一下。
Qǐng shāoděng. Qǐng děng yíxià.

⑧ 마 판 닌 칭 쭈안 이 시아 왕 수어
麻烦 您, 请 转 一下 王 硕。
Máfan nín, qǐng zhuǎn yíxià Wáng shuò.

---

⑦ 请稍等 qǐngshāoděng 잠깐만 기다리세요

175

전화 ❷

❶ 잠깐 기다려 주시겠습니까?

❷ 예, 기다리겠습니다.

❸ 그럼 잠시 후에 다시 걸겠습니다.

❹ 메모를 좀 남겨 주세요

❺ 김진수한테서 전화왔었다고 전해 주십시오.

❻ 전화번호를 알려 주시겠어요?

❼ 123-4567입니다.

❽ 안녕히 계세요. (전화를 끊을 때)

🌐 **word**

❷ 可以等一等 kěyǐděngyiděng 기다리겠습니다
❸ 再打电话 zàidǎdiànhuà 다시 걸다

칭 덩 이 시아 하오 마
❶ 请 等 一下 好 吗?
Qǐng děng yíxià hǎo ma?

칭 덩 이 시아 하오 마

好, 我 可以 等一等。
Hǎo, wǒ kěyǐ děngyiděng.

워 따이 이 후 얼 짜이 다

❸ 我 待 一会儿 再 打。
Wǒ dāi yíhuìr zài dǎ.

칭 지 이 시아 워 더 리우이엔

❹ 请 记 一下 我的 留言。
Qǐng jì yíxià wǒde liúyán.

칭 쭈안까오 타 이 시아 진 쩐 시우 라이구어 띠엔 화 러

❺ 请 转告 他 一下 金 真秀 来过 电话 了。
Qǐng zhuǎngào tā yíxià Jīn Zhēnxiù láiguo diànhuà le.

띠엔 화 하오 마 스 뚜어사오

❻ 电话号码 是 多少?
Diànhuàhàomǎ shì duōshao?

스 야오 얼 싼 쓰 우 리우 치

❼ 是 一二三 四五六七。
Shì yāo èr sān sì wǔ liù qī.

짜이찌엔

❽ 再见。
Zàijiàn.

---

❽ 再见 zàijiàn (전화끊을 때 하는 말)안녕히 계세요

177

국제택배 이용

① 여보세요, 택배회사입니까?

② 예, 택배회사입니다.

③ 한국으로 샘플을 보내려고 하는데 1kg당 얼마입니까?

④ 0.5kg 기본 가격이 210원이며 추가 0.5kg당 45원입니다.

⑤ 서울까지 며칠 걸리죠?

⑥ 오늘 발송하시면 모레 오전에 받을 수 있습니다.

⑦ 2시까지 사무실로 와서 받아가세요.

⑧ 알겠습니다, 고맙습니다!

word

① 快递 kuàidì 택배(속달)
③ 样品 yàngpǐn 샘플
　文件 wénjiàn 서류

🎧 MP3 09-4

❶ 웨이 콰이띠 꽁쓰 마
喂, 快递 公司 吗?
Wéi, kuàidì gōngsī ma?

❷ 스 콰이띠 꽁쓰
是, 快递 公司。
Shì, kuàidì gōngsī.

❸ 워 야오 바 양 핀 지 따오 한 구어 메이 꽁 진 뚜어사오 치엔
我 要 把 样品 寄到 韩国, 每公斤 多少 钱?
Wǒ yào bǎ yàngpǐn jìdào Hánguó, měigōngjīn duōshao qián?

❹ 링디엔우 꽁 진 치지아 얼바이 이 스위엔 메이 쩡지아 링디엔우 꽁 진 쓰 스 우 위엔
0.5公斤 起价 二百一十元 每增加 0.5公斤 四十五元。
0.5gōngjīn qǐjià èrbǎiyìshíyuán měizēngjiā 0.5gōngjīn sìshíwǔyuán.

❺ 따오 서우 얼 쉬야오 지 티엔
到 首尔 需要 几天?
Dào Shǒu'ěr xūyào jǐtiān?

❻ 찐 티엔 찌 호우티엔 자오 상 넝 서우따오
今天 寄 后天 早上 能 收到。
Jīntiān jì hòutiān zǎoshang néng shōudào.

❼ 량 디엔 즈 치엔 따오 워 꽁 쓰 취 지엔 바
两点 之前 到 我 公司 取件 吧。
Liǎngdiǎn zhīqián dào wǒ gōngsī qǔjiàn ba.

❽ 하오 더 시에시에
好的, 谢谢!
Hǎode, xièxie!

179

생생미니여행정보 ^{긴급상황}

1. 여권을 분실했을 때는

❶ 관할 파출소 방문 – 여권을 분실했을 때는 먼저 중국 공안(중국 경찰서)에 신고하여 여권분실증명서를 받아야 한다.

❷ 영사관 방문 – 대사관이나 영사관 등에 가서 분실 신고를 하고 재발급 수속을 밟는다. 재발급은 보통 1개월 정도 걸리므로, 단기간의 여행지일 경우 여권을 대신할 수 있는 여행증명서를 발급받아 남은 일정의 여행을 마치고 귀국해서 재발급 받으면 된다.

> * 주중 한국 대사관 영사부 연락처(베이징) 010-8531-0700
> * 여권재발급시 필요서류 : 여권 분실증명서(현지공안국에서 발행), 여권 사본, 사진 2매.

❸ 관할 시공안국 출입경관리처 방문 분실신고 – 영사관 발행 여권말소 증명서, 영사관 발행 임시신분증, 파출소 발행 분실증명서를 지참하여 방문하여 출국비자를 받는다.

2. 항공권을 분실했을 때는

해외 여행 도중 항공권을 잃어 버린 경우에는 거의 모든 항공사에서 재발급을 해 준다. 따라서 항공권을 잃어 버린 경우에는 해당 항공사로 연락하여 안내를 받도록 한다. 이때, 항공권을 언제, 어디서, 얼마에 구입했는지를 보고해야 하므로, 구입시 수첩에 항공권 번호를 적어두거나 휴대폰에 사진으로 저장해두는 것이 좋다.

3. 신용카드를 분실했을 때는

가장 먼저 신속하게 신고를 한다. 카드에 따라서 중국에 회사가 있거나 제휴은행이 있는 것도 있다. 현지에 없는 경우에는 한국으로 직접 신고한다.

4. 현금이나 휴대폰을 분실했을 때는

다른 어떤 경우보다 가장 골치아픈 것이 현금으로 된 여행 경비를 모두 분실하는 일이다. 한국에서 중국 현지에 있는 외환은행을 비롯한 우리나라의 은행 지점에 돈을 송금하면 여권을 가지고 가서 돈을 찾으면 되는데, 1~2일 정도 소요된다. 이런 최악의 상황을 방지하기 위해서는 현금을 분산해서 보관하는 것이 가장 좋다. 휴대폰을 분실했을 때는 통신사에 즉시 연락하여 휴대폰 분실신고를 해야 한다. 휴대폰에 연결된 신용카드사 및 은행에도 전화해서 휴대폰 분실 신고를 해야 한다. 최악의 경우 중국에서 휴대폰을 개통해야 하는 상황이 있을 수도 있다. 여권을 지참하여 통신사 대리점에 가서 유심을 사러왔다고 하면 된다.

5. 아프거나 다쳤을 때

호텔이라면 프런트에 연락하면 전속의사가 있거나 한국어가 통하는 의사를 불러주기도 한다. 그리고 병원을 이용할 경우에는 중국에서는 중의학이 더 체계적이고 수준이 높으므로 서의학보다는 중의학을 이용하는 것이 낫다.

6. 화장실 이용법

중국의 공중화장실은 아직 유료인 곳이 많으며 특히 기차역, 버스터미널, 관광지 등은 돈을 내야 하는 곳이 많다. 그러나 유료라 하더라도 요금은 그리 비싸지 않고, 오히려 깨끗하게 관리하는 곳이 많아서 이용해 볼 만하다. 올림픽을 계기로 지속적인 투자를 통해 현대화된 화장실이 점점 늘어나고 있는 추세이다.

긴급 연락처

● 경찰 110
● 구급차 120
● 주중 한국 대사관(베이징) 010-8531-0700
● 화재 119
● 베이징 공안국 출입경관리처(北京市公安局出入境管理局)
  010-8402-0101 (월~토 9시~5시. 점심시간 제외)

질병 ①

❶ 감기에 걸린 것 같습니다.

---

❷ 배가 아픕니다.

---

❸ 소화불량에 잘 듣는 약 주세요.

---

❹ 의사를 불러 주세요.

---

❺ 병원에 데려가 주실래요?

---

❻ 어떤 증상이 있습니까?

---

❼ 기침이 멈추지 않습니다.

---

❽ 기침이 심합니다.

🌐 **word**

❷ 肚子疼 dùziténg 배가 아프다
❸ 消化不良 xiāohuàbùliáng 소화불량
❹ 医生 yīshēng 의사

182

트러블

하오시앙 간 마오 러
① 好像 感冒 了。
Hǎoxiàng gǎnmào le.

뚜 즈 텅
② 肚子 疼。
Dùzi téng.

칭 게이 워 즈 시아오 화 부리양 더 야오
③ 请 给 我 治 消化 不良的 药。
Qǐng gěi wǒ zhì xiāohuà bùliángde yào.

칭 빵 워 찌아오 이 성
④ 请 帮 我 叫 医生。
Qǐng bāng wǒ jiào yīshēng.

칭 따이 워 취 이 위엔 하오 마
⑤ 请 带 我 去 医院 好 吗?
Qǐng dài wǒ qù yīyuàn hǎo ma?

여우 선 머 쩡 쭈앙
⑥ 有 什么 症状?
Yǒu shénme zhèngzhuàng?

이 즈 커 서우
⑦ 一直 咳嗽。
Yìzhí késou.

커 서우 헌 리 하이
⑧ 咳嗽 很 厉害。
Késou hěn lìhai.

⑦ 咳嗽 késou 기침

※ 新型冠状病毒肺炎 xīnxíng guānzhuàng bìngdú fèiyán
코로나바이러스(COVID-19)

183

질병 ②

❶ 목이 몹시 아픕니다.

❷ 구토를 할 것 같습니다.

❸ 설사를 합니다.

❹ 잠을 잘 못 잡니다.

❺ 식욕이 없습니다.

❻ 위가 아픕니다.

❼ 발을 삐었습니다.

❽ 넘어졌습니다.

word

❷ 呕吐 ǒutù 구토하다

❺ 胃口 wèikǒu 식욕 / 입맛

❼ 扭 niǔ (발목, 손목 따위를) 삐다

184

트러블

❶ 嗓子 很 疼。
상 즈 헌 텅
Sǎngzi hěn téng.

❷ 想 呕吐。
시앙 오우 투
Xiǎng ǒutù.

❸ 拉 肚子 了。
라 뚜 즈 러
Lā dùzi le.

❹ 睡 不着。
수이 뿌 자오
Shuì buzháo.

❺ 没有 胃口。
메이여우 웨이커우
Méiyǒu wèikǒu.

❻ 胃 疼。
웨이 텅
Wèi téng.

❼ 扭 脚 了。
니우 지아오 러
Niǔ jiǎo le.

❽ 摔 倒 了。
수와이 다오 러
Shuāi dǎo le.

❽ 摔 shuāi 넘어지다

185

질병 ❸

❶ 손가락을 데었습니다.

---

❷ 돼지고기를 먹으면 알레르기가 납니다.

---

❸ 고혈압입니다.

---

❹ 여행을 계속할 수 있습니까?

---

❺ 술과 담배는 삼가해 주십시오.

---

❻ 진단서를 써 주세요.

---

❼ 영수증을 주세요.

---

❽ 이 처방전을 가지고 약국에 가십시오.

🌐 word

❷ 对…有过敏 duì…yǒu guòmǐn …에 알레르기를 일으키다

❸ 高血压 gāoxuèyā 고혈압

❻ 诊断书 zhěnduànshū 진단서

트러블

① 탕 러 서우즈
烫了 手指。
Tàngle shǒuzhǐ.

② 워 츠 쭈 러우 후이 꾸어 민
我 吃 猪肉 会 过敏。
Wǒ chī zhūròu huì guòmǐn.

③ 스 까오쉬에 야
是 高血压。
Shì gāoxuèyā.

④ 넝부넝 지쉬 뤼싱
能不能 继续 旅行?
Néngbunéng jìxù lǚxíng?

⑤ 지엔사오 초우이엔 허 허 지우
减少 抽烟 和 喝酒。
Jiǎnshǎo chōuyān hé hējiǔ.

⑥ 칭 게이 워 시에 쩐두안 수 바
请 给 我 写 诊断书 吧。
Qǐng gěi wǒ xiě zhěnduànshū ba.

⑦ 게이 워 파 피아오
给 我 发票。
Gěi wǒ fāpiào.

⑧ 나 쩌 거 쩐두안 수 취 야오 팡
拿 这个 诊断书 去 药房。
Ná zhège zhěnduànshū qù yàofáng.

---

⑦ 发票 fāpiào 영수증

⑧ 药房 yàofáng / 药店 yàodiàn 약국

도난 · 분실 ①

❶ 제 짐이 보이지 않습니다.

❷ 짐이 아직 안 나왔습니다.

❸ 수하물 보관증은 있습니까?

❹ 무슨 편으로 오셨습니까?

❺ (항공권을 보이면서) 이 비행기로 왔습니다.

❻ 짐을 찾으면 연락해 주세요.

❼ 어디로 연락하면 됩니까?

❽ (연락처를 보이면서) 여기로 연락해 주세요.

🌐 word

❹ 班 bān ~편
❻ 找 zhǎo 발견하다, 찾다

∩ MP3 10-4

워 더 싱 리 부찌엔 러
❶ 我的 行李 不见 了。
　 Wǒde xíngli bújiàn le.

워 더 싱 리 하이메이따오
❷ 我的 行李 还没到。
　 Wǒde xíngli háiméidào.

여우메이여우 싱 리 파이
❸ 有没有 行李牌?
　 Yǒuméiyǒu xínglipái?

니 쭈어 더 스 나 빤 페이 지
❹ 你 坐的 是 哪班 飞机?
　 Nǐ zuòde shì nǎbān fēijī?

워 쭈어 러 쩌 빤 페이 지
❺ 我 坐了 这班 飞机。
　 Wǒ zuòle zhèbān fēijī.

자오따오 싱 리 찌우 허 워 리엔씨 바
❻ 找到 行李, 就 和 我 联系 吧。
　 Zhǎodào xíngli, jiù hé wǒ liánxì ba.

전 머 리엔시 너
❼ 怎么 联系 呢?
　 Zěnme liánxì ne?

리엔 씨 쩌 리 바
❽ 联系 这里 吧。
　 Liánxì zhèli ba.

❼ 联系 liánxì 연락하다

189

도난 · 분실 ②

① 분실물은 어디에서 찾습니까?

② 경찰을 불러 주세요.

③ 경찰에 신고하고 싶습니다.

④ 어디에서 잃어버렸는지 모르겠어요.

⑤ 한국대사관에 전화해 주세요.

⑥ 지갑을 도난당했습니다.

⑦ 여기에 두었던 가방이 안 보입니다.

⑧ 지금 바로 카드 사용을 정지시켜 주세요.

🌐 word

① 丢 diū (물건이)없어지다
② 警察 jǐngchá 경찰
⑤ 韩国大使馆 Hánguódàshǐguǎn 한국 대사관

따우똥 시 짜이 나 알 쉰 원
❶ 丢东西 在 哪儿 询问?
Diūdōngxi zài nǎr xúnwèn?

빵 워 찌아오 징 차 바
❷ 帮 我 叫 警察 吧。
Bāng wǒ jiào jǐngchá ba.

워 야오 빠오 징
❸ 我 要 报警。
Wǒ yào bàojǐng.

뿌 즈 다오 띠우 짜이 나 알 러
❹ 不知道 丢 在 哪儿 了。
Bùzhīdào diū zài nǎr le.

칭 빵 워 게이 한구어따스관 다 띠엔 화
❺ 请 帮 我 给 韩国大使馆 打 电话。
Qǐng bāng wǒ gěi Hánguódàshǐguǎn dǎ diànhuà.

워 더 치엔빠오 뻬이 토우 러
❻ 我的 钱包 被 偷 了。
Wǒde qiánbāo bèi tōu le.

짜이 쩌 얼 더 빠오 부지엔 러
❼ 在 这儿 的 包 不见 了。
Zài zhèr de bāo bújiàn le.

칭 리커 바 워더 신용카 팅즈 스용
❽ 请 立刻 把 我的 信用卡 停止 使用。
Qǐng lìkè bǎ wǒde xìnyòngkǎ tíngzhǐ shǐyòng.

---

❻ 钱包 qiánbāo 지갑

被偷了 bèitōule 소매치기 당하다

❽ 停止使用 tíngzhǐshǐyòng 사용 정지하다

내가 도움을 줘야 할 때

❶ (상대방이 넘어졌을 때) 괜찮으세요?

---

❷ 왜 그러세요? (상대의 상태가 좀 이상해 보일 때)

---

❸ 안색이 안 좋아요.

---

❹ 무엇을 도와 드릴까요?

---

❺ 어떻게 하면 돼죠?

---

❻ 진정하세요. (정신 차리세요.)

---

❼ 도와줄 사람을 찾아 볼게요.

---

❽ 구급차를 불러 드릴까요?

word

❸ 脸色不好 liǎnsè bùhǎo 안색이 좋지 않다
安静 ānjìng 안정하다, 침착하다

192

① 메이 스얼 마
没 事儿 吗?
Méi shìr ma?

② 전 머 러
怎么 了?
Zěnme le?

③ 니 더 리엔써 뿌 하오
你的 脸色 不好。
Nǐde liǎnsè bùhǎo.

④ 워 넝 빵니 선머
我 能 帮 你 什么?
Wǒ néng bāng nǐ shénme?

⑤ 전 머 쭈어
怎么 做?
Zěnme zuò?

⑥ 안 징 이 시아
安静 一下。
Ānjìng yíxià.

⑦ 워 자오 런 빵빵망
我 找 人 帮帮忙。
Wǒ zhǎo rén bāngbangmáng.

⑧ 야오 지우후 처 마
要 救护车 吗?
Yào jiùhùchē ma?

⑧ 救护车 jiùhùchē 구급차, 앰뷸런스

긴급상황   경찰의 도움이 필요할 때

❶ 경찰 아저씨, 애가 없어졌어요.

❷ 친구가 안 보여요.

❸ 방송을 해 주세요.

❹ 조사해 주세요. / 찾아 주세요.

❺ 나이나 인상을 자세히 설명해 보세요.

❻ 다섯 살짜리 여자 아이 / 남자 아이예요.

❼ 키는 이 정도 되구요, 빨간 코트를 입었어요.

❽ 찾으면 바로 전화 주세요.

🌐 word

❸ 广播 guǎngbō 방송
❹ 找 zhǎo 찾다
❺ 年龄 niánlíng 나이

194

징 차 시엔 성 하이즈 자오 부 따오 러
① 警察 先生，孩子 找不到 了。
Jǐngchá xiānsheng, háizi zhǎobudào le.

펑 요우 부 지엔 러
② 朋友 不见 了。
Péngyou bújiàn le.

칭 빵 워 광 보 이 시아
③ 请 帮 我 广播 一下。
Qǐng bāng wǒ guǎngbō yíxià.

칭 빵 워 띠아오 차 이 시아 자오 이 자오
④ 请 帮 我 调查 一下 / 找一找。
Qǐng bāng wǒ diàochá yíxià zhǎoyizhǎo.

바 타 더 니엔링 허 장시앙 쯔 시 더 수어밍 이 시아
⑤ 把 他的 年龄 和 长相 仔细地 说明 一下。
Bǎ tāde niánlíng hé zhǎngxiàng zǐxìde shuōmíng yíxià.

우 쑤이 더 뉘 하이 즈 난 하이 즈
⑥ 五岁的 女孩子 / 男孩子。
Wǔsuìde nǚháizi nánháizi.

꺼 즈 쩌 머 까오 추안 홍 써 와이타오
⑦ 个子 这么 高，穿 红色 外套。
Gèzi zhème gāo, chuān hóngsè wàitào.

자오따오 러 지우 게이 워 다 띠엔 화
⑧ 找到 了 就 给 我 打 电话。
Zhǎodàole jiù gěi wǒ dǎ diànhuà.

---

⑥ 女孩子 nǚháizi 여자 아이

　 男孩子 nánháizi 남자 아이

교통사고

① 교통사고를 당했습니다.

② 충돌사고를 당했습니다.

③ 아내가 / 남편이 교통사고를 당했습니다.

④ 차에 치였습니다.

⑤ 구급차를 불러 주세요.

⑥ 사고 증명서를 주세요.

⑦ 제 과실이 아닙니다.

⑧ 저는 횡단보도를 걷고 있었습니다

🌐 word

❶ 交通事故 jiāotōngshìgù 교통사고
❸ 太太 tàitai 아내 / 丈夫 zhàngfu 남편
❹ 被车撞了 bèichēzhuàngle 차에 치이다

트러블

① 我 出 车祸 了。
워 추 처후어 러
Wǒ chū chēhuò le.

② 发生 撞车 事故 了。
파 성 쭈앙처 스 꾸 러
Fāshēng zhuàngchē shìgù le.

③ 太太 / 丈夫 出 交通事故 了。
타이타이 짱푸 추 지아오통스꾸 러
Tàitai zhàngfu chū jiāotōngshìgù le.

④ 被 车 撞 了。
뻬이 처 쭈앙 러
Bèi chē zhuàng le.

⑤ 请 帮 我 叫 救护车。
칭 빵 워 찌아오 지우후 처
Qǐng bāng wǒ jiào jiùhùchē.

⑥ 请 开 个 事故 证明书。
칭 카이 거 스꾸 쩡밍수
Qǐng kāi ge shìgù zhèngmíngshū.

⑦ 不是 我的 错。
부스 워더 추어
Búshì wǒde cuò.

⑧ 我 正在 人行横道 上 走。
워 쩡 짜이 런 싱 헝따오 샹 저우
Wǒ zhèng zài rénxínghéngdào shang zǒu.

⑥ 证明书 zhèngmíngshū 증명서

⑦ 错 cuò 과실, 잘못

⑧ 人行横道 rénxínghéngdào 횡단보도

197

공중 화장실

① 공중 화장실은 어디에 있습니까?

② 사거리에서 우회전하면 됩니다.

③ 고맙습니다.

④ 얼마예요?

⑤ 5지아오(0.5원)입니다.

⑥ 여기 있습니다.

⑦ 화장지 필요해요?

⑧ 필요없습니다.

word

① 公共厕所 gōnggòngcèsuǒ 공중 화장실

짜이 나알 여우 꽁 꽁 처 수어
① 在 哪儿 有 公共厕所?
Zài nǎr yǒu gōnggòngcèsuǒ?

짜이 스 쯔 루 코우 여우과이 찌우 따오
② 在 十字路口 右拐 就 到。
Zài shízì lùkǒu yòuguǎi jiù dào.

시에시에
③ 谢谢!
Xièxie!

뚜어사오 치엔
④ 多少 钱?
Duōshao qián?

우 지아오
⑤ 五角。
Wǔjiǎo.

게이 닌
⑥ 给 您。
Gěi nín.

야오 웨이 성 즈 마
⑦ 要 卫生纸 吗?
Yào wèishēngzhǐ ma?

부 야오
⑧ 不要。
Búyào.

---

⑦ 卫生纸 wèishēngzhǐ 휴지

199

생생미니여행정보

귀국

1. 현지에서 출국할 때

❶ 항공권의 예약 재확인

❷ 수하물 정리

❸ 출국 수속

중국 입국때와 마찬가지로 출국시에도 반드시 중국해관 건강코드를 미리 앱으로 작성해두어야 한다. 위챗에서 스캔메뉴 검색, 전체 텍스트 번역하여 순서대로 입력하여 큐알코드를 생성하면 된다. 작성법 링크를 미리 내카톡창에 보관해두었다가 따라하면 편리하다.

❶ 왕복항공권을 구입한 경우에는 최소한 비행기 출발 72시간 전 반드시 예약을 재확인해야 한다. 할인 항공권은 개인이 하거나 여행사에서 해주는 경우가 있으므로 출발 전에 미리 확인한다. 여행 일정이 변경되었을 경우에는 가능한 빨리 72시간 전까지 전화로 예약한 날짜를 취소하고 좌석이 남아 있는 다른 날짜로 예약을 한다.

❷ 중국여행시 물품을 많이 구입해서 탑승시 허용량(20kg)을 초과하면 초과비용을 지불해야 하며, 상해·북경의 경우 40元/kg으로 상당히 비싼편이다. 이 점을 미리 염두에 두고 짐을 꾸려야 한다. 규정 허용량은 20kg이나 각 항공사의 마일리지 카드를 제시하면 30kg까지 허용된다. 또 선물과 기념품 등 통관 검사를 받아야 할 것은 한 곳에 모아 따로 정리하면 통관시 간편하다.

❸ 각 공항에는 출발 2시간 전에 도착하는 것이 안전하다. 출국 수속은 매우 간단하다. 자신이 탑승할 항공사의 체크인 카운터로 가서 여권과 항공권, 그리고 입국 때에 작성했던 출입국 신고서의 나머지 부분을 제시한다.

2. 한국에 귀국할 때

❶ 기내에서 휴대품 신고서 작성

❷ 입국 심사

❸ 세관 심사

❶ 도착하기 전에 기내에서 여행자 휴대품 신고서를 작성한다. 출입국 신고서 중 입국부분을 잃어버렸을 때는 다시 쓴다. 면세인 경우는 앞면만 기록하고, 신고할 물품이 없을 때는 세관신고서를 작성하지 않아도 된다.

❷ 도착해서 입국심사장으로 가서, 여권과 출국 때 작성한 출입국신고서의 나머지 부분을 제시한다. 입국신고서는 회수하고, 여권에 입국 스템프를 찍어서 돌려 주면 심사는 끝난다. 이곳을 통과하여 1층으로 내려오면 수화물이 도착하는 턴 테이블이 있다. 자신이 타고 온 편명이 적힌 턴 테이블 옆에서 기다려 짐을 찾아 세관 검사대로 향한다.

❸ 세관 검사대는 면세통로와 과세 통로로 구분되어 있는데 해당하는 통로로 심사대의 심사원에게 여행자 휴대품 신고서를 제시하면 된다.

모바일 세관 신고
모바일 세관 신고는 입국할 때 모바일 앱 '여행자 세관신고'를 통해 인적사항과 휴대품을 입력 후 생성된 QR코드를 자동 심사대에 인식하는 방식으로 이뤄진다.

*입국시 면세 범위

면세 물품	면세범위
기본 면세	800달러
술	2병(2L이하)·400달러
담배	200개비(전자담배 니코틴 20ml)
향수	60ml

비행편의 확인

❶ 예약을 재확인하고 싶습니다.

❷ 예약 확인을 하고 싶습니다.

❸ 시간을 변경하고 싶습니다.

❹ 서울행 OZ3345편입니다.

❺ 4월 2일 편을 취소하고 싶습니다.

❻ 탑승 게이트는 어디입니까?

❼ 출구는 어디입니까?

❽ 대한 항공/아시아나 항공 카운터는 어디입니까?

🌐 word

❶ 确认 quèrèn 확인하다
❸ 改 gǎi 변경하다
❻ 登机口 dēngjīkǒu 탑승 게이트

① 워 시앙 짜이 취에런 이 시아 워 더 지 퍄오
我 想 再 确认 一下 我的 机票。
Wǒ xiǎng zài quèrèn yíxià wǒde jīpiào.

---

② 워 시앙 취에런 이 시아 워 더 지 퍄오
我 想 确认 一下 我的 机票。
Wǒ xiǎng quèrèn yíxià wǒde jīpiào.

---

③ 워 야오 가이 스 지엔
我 要 改 时间。
Wǒ yào gǎi shíjiān.

---

④ 페이 왕 서우 얼 더 OZ싼싼쓰우
飞往 首尔的 OZ3345。
Fēiwǎng Shǒu'ěrde OZsānsānsìwǔ.

---

⑤ 워 야오 취 시아오 스위에 얼하오 더
我 要 取消 4月 2号的。
Wǒ yào qǔxiāo sìyuè èrhàode.

---

⑥ 떵 지코우 스 나 리
登机口 是 哪里?
Dēngjīkǒu shì nǎli?

---

⑦ 추 코우 스 나 리
出口 是 哪里?
Chūkǒu shì nǎli?

---

⑧ 따 한 항 콩 한 야 항 콩 꾸이타이 짜이 나 알
大韩航空 / 韩亚航空 柜台 在 哪儿?
Dàhánhángkōng Hányàhángkōng guìtái zài nǎr?

---

⑦ 出口 chūkǒu 출구
⑧ 柜台 guìtái 카운터

203

부록

급할 때 찾아쓰는 유용한 한마디

가르쳐 주세요.

감사합니다.

갑시다.

건배.

고맙습니다.

괜찮습니다.

그건 좀 곤란한데요….

그럼, 안녕히 계십시오.

그렇습니까?

그렇습니다.

부록

칭 찌아오 워
请 教 我。
Qǐng jiāo wǒ.

시에시에 니
谢谢 你。
Xièxie nǐ.

저우 바
走 吧。
Zǒu ba.

깐 뻬이
干杯!
Gānbēi!

페이 창 간 시에
非常 感谢。
Fēicháng gǎnxiè.

메이 꾸안 시
没 关系。
Méi guānxi.

나 거 요우 디 얼 마 판
那个 有点儿 麻烦。
Nàge yǒudiǎnr máfan.

짜이찌엔
再见。
Zàijiàn.

스 마
是 吗?
Shì ma?

스
是。
Shì.

길을 잃어버렸습니다.

공항까지 얼마나 걸리죠?

깎아 주세요!

누구세요?

늦게 와서 죄송합니다.

다시 한번 말씀해 주세요.

덕분에 잘 지내고 있습니다.

데리고 가 주실 수 있습니까?

다시 연락 드리겠습니다.

만나게 되어 반갑습니다.

워 미루 러
我 迷路 了。
Wǒ mílù le.

따오 지 창 쉬 야오 뚜어 창 스 지엔
到 机场 需要 多长 时间?
Dào jīchǎng xūyào duōcháng shíjiān?

게이 워 다 저 바   피엔이 이 디 얼
给 我 打折 吧! / 便宜 一点儿!
Gěi wǒ dǎzhé ba!   Piányi yìdiǎnr!

쉐이 야
谁 呀?
Shéi ya?

부 하오 이 쓰 워 라이 완 러
不好 意思 我 来 晚 了。
Bùhǎo yìsi wǒ lái wǎn le.

칭 짜이 수어 이 비엔
请 再 说 一遍。
Qǐng zài shuō yíbiàn.

인 웨이 닌 짜오 꾸 워 워 꾸어 더 헌 하오
因为 您 照顾 我, 我 过得 很 好。
Yīnwèi nín zhàogù wǒ, wǒ guòde hěn hǎo.

넝 부 넝 따이 워 취
能不能 带 我 去?
Néngbunéng dài wǒ qù?

짜이 리엔 시 바
再 联系 吧。
Zài liánxì ba.

런 스 니 헌 까오 씽
认识 你 很 高兴。
Rènshi nǐ hěn gāoxìng.

209

무슨 뜻이죠?

무슨 일이시죠?

뭐가 맛있어요?

부탁합니다.

비싸네요.

상관없습니다.

성함이 어떻게 되시죠?

실례합니다

싸게 해 주세요.

아뇨.

선 머 이 쓰
什么 意思?
Shénme yìsi?

선 머 스 얼
什么 事儿?
Shénme shìr?

나 거 하오 츠
哪个 好吃?
Nǎge hǎochī?

빠이투어 니
拜托 你。
Bàituō nǐ.

타이꾸이 러
太贵了。
Tài guì le.

메이 꾸안 시
没 关系。
Méi guānxi.

닌 찌아오 선 머 밍 즈
您 叫 什么 名字?
Nín jiào shénme míngzi?

다 라오 니 러
打扰 你 了。
Dǎrǎo nǐ le.

피엔 이 이 디 얼
便宜 一点儿。
Piányi yìdiǎnr.

부 스
不是。
Búshì.

안녕하세요? (아침인사)

안녕하세요? (점심인사)

안녕하세요? (저녁인사)

안 됩니다.

안부 전해 주세요.

어디서 오셨죠?

어디에 있어요? (물건)

어디에서 팝니까?

어디에요? (사람이 어디에 있냐고 물어볼 때)

어때요?

부록

자오 상 하오
早上 好!
Zǎoshang hǎo!

시야 우 하오
下午 好!
Xiàwǔ hǎo!

완 상 하오
晚上 好!
Wǎnshang hǎo!

뿌 싱
不行。
Bùxíng.

티 워 원 하오
替 我 问好。
Tì wǒ wènhǎo.

총 나 리 라이 더
从 哪里 来的?
Cóng nǎli láide?

짜이 나 리 여우
在 哪里 有?
Zài nǎli yǒu?

짜이 나 리 마이
在 哪里 卖?
Zài nǎli mài?

짜이 나 알
在 哪儿?
Zài nǎr?

전 머 양
怎么 样?
Zěnme yàng?

어떠세요?

어떻게 가면 되죠?

언제 끝납니까?

언제 됩니까? (세탁물 등을 맡기며)

언제 시작합니까?

언제 출발합니까?

얼마예요?

(주소를 보여주면서) 북경대학에 가 주세요.

북해공원에 가고 싶은데요.

북해공원에 가는 길을 가르쳐 주세요.

전 머 후이 스 얼
怎么 回事儿?
Zěnme huíshìr?

전 머 저우
怎么 走?
Zěnme zǒu?

선 머 스 호우 지에 수
什么 时候 结束?
Shénme shíhou jiéshù?

선 머 스 호우 쭈어 완
什么 时候 做完?
Shénme shíhou zuòwán?

선 머 스 호우 카이 스
什么 时候 开始?
Shénme shíhou kāishǐ?

선 머 스 호우 추 파
什么 时候 出发?
Shénme shíhou chūfā?

뚜어사오 치엔
多少 钱?
Duōshao qián?

취 베이징 따 쉐 바
去 北京大学 吧。
Qù Běijīngdàxué ba.

야오 취 베이하이 공 위엔
要 去 北海公园。
Yào qù Běihǎigōngyuán.

칭 니 까오쑤 워 베이하이 공 위엔 전 머 저우
请 你 告诉 我, 北海公园 怎么 走。
Qǐng nǐ gàosu wǒ, Běihǎigōngyuán zěnme zǒu.

여기서 담배를 피워도 됩니까?

여기서 멉니까? (가깝습니까?)

이 번호로 전화해 주실 수 있습니까?

예.

오랜만이네요.

자리(좌석)를 바꿔도 됩니까?

잘 먹겠습니다.

잘 먹었습니다.

잘 부탁드립니다. (처음 만났을 때)

잘 지내셨어요?

짜이 쩌리 커 이 초우이엔 마
在 这里 可以 抽烟 吗?
Zài zhèli kěyǐ chōuyān ma?

리 쩌리 위엔 찐 마
离 这里 远(近) 吗?
Lí zhèli yuǎn (jìn) ma?

넝 부 넝 빵 워 다 이시알 쩌 거 띠엔 화 하오 마
能不能 帮 我 打 一下儿 这个 电话号码?
Néngbunéng bāng wǒ dǎ yíxiàr zhège diànhuàhàomǎ?

하오 더
好 的。
Hǎo de.

하오지우 부 지엔 러
好久 不见 了。
Hǎojiǔ bújiàn le.

커 이 환 이시알 웨이 즈 마
可以 换 一下儿 位子 吗?
Kěyǐ huàn yíxiàr wèizi ma?

쭈어 더 타이하오 러
做得 太好 了。
Zuòde tàihǎo le.

츠 더 쩐 시양
吃得 真 香。
Chīde zhēnxiāng.

칭 뚜어뚜어 꾸안짜오
请 多多 关照。
Qǐng duōduō guānzhào.

꾸어 더 전 머 양
过得 怎么 样?
Guòde zěnme yàng?

잠깐 실례하겠습니다.

잠깐 좀 여쭤보고 싶은 게 있는데요.

전화 왔었다고 전해 주세요.

제가 대접하겠습니다. (음식접대)

좀 더 천천히 말해 주세요.

좋습니다.

죄송합니다.

처음 뵙겠습니다.

천만에요.

축하드립니다.

다 지아오 이 시아
打搅 一下。
Dǎjiǎo yíxià.

워 시앙 원 니 이지엔 스 칭
我 想 问 你 一件 事情。
Wǒ xiǎng wèn nǐ yíjiàn shìqíng.

쭈안까오 타 워 라이꾸어 띠엔 화
转告 他, 我 来过 电话。
Zhuǎngào tā, wǒ láiguo diànhuà.

워 라이 칭 커
我 来 请客。
Wǒ lái qǐngkè.

칭 만 만 더 지앙
请 慢慢地 讲。
Qǐng mànmānde jiǎng.

하오 러
好 了。
Hǎo le.

뚜이 부 치
对不起。
Duìbuqǐ.

추 츠 찌엔미엔
初次 见面。
Chūcì jiànmiàn.

부 커 치
不客气。
Búkèqi.

꽁 시 꽁 시
恭喜 恭喜。
Gōngxǐ gōngxǐ.

손님이 왔을 때

어서 오십시오.

영업부의 김진수 씨 계십니까?

약속하셨나요?

예, 2시에 만나뵙기로 되어 있는데요.

왕수어 씨가 로비에서 기다리고 계십니다.

곧 올테니까 잠시만 기다려 주십시오.

4층으로 올라가시면 됩니다.

이쪽으로 오세요.

거래처 방문, 첫 만남

안녕하세요. 한국 KT 무역회사의 김진수입니다.

여기 저의 명함이 있습니다.

환 잉 광 린
欢迎 光临。
Huānyíng guānglín.

营 예 뿌 진 쩐시유 짜이 마
营业部 金真秀 在 吗?
Yíngyèbù JīnZhēnxiù zài ma?

위에하오 러 마
约好 了 吗?
Yuēhǎo le ma?

스 더 위에하오 러 량 디엔 찌엔미엔
是的, 约好了 两点 见面。
Shì de, yuēhǎole liǎngdiǎn jiànmiàn.

왕 수어 짜이 따 팅 덩 니
王硕 在 大厅 等 你。
Wángshuò zài dàtīng děng nǐ.

마 상 후이라이 칭 사오 덩
马上 回来, 请 稍等。
Mǎshàng huílái, qǐng shāoděng.

닌 따오 쓰로우 취 바
您 到 四楼 去 吧。
Nín dào sìlóu qù ba.

칭 쩌 비엔 라이
请 这边 来。
Qǐng zhèbiān lái.

닌 하오 워 스 한 구어 KT 마오 이 꽁 쓰 더 진 쩐시유
您 好。我 是 韩国KT 贸易公司的 金 真秀。
Nín hǎo. Wǒ shì Hánguó KT màoyìgōngsīde Jīn Zhēnxiù.

쩌 스 워 더 밍 피엔
这 是 我的 名片。
Zhè shì wǒde míngpiàn.

221

저희 회사는 의류 무역회사입니다.

저희가 관심이 있는 것은 귀사에서 생산하는 의류입니다.

샘플을 볼 수 있을까요?

죄송하지만 지금은 카탈로그와 설명서만 있습니다.

카탈로그를 설명해 주실 수 있습니까?

아주 유익한 만남이었습니다, 다시 연락 드리겠습니다.

비즈니스 상담
다음에 뵙겠습니다.

신제품 카탈로그입니다.

신제품의 장점은 무엇입니까?

이것은 하이테크기술을 이용하여 생산한 제품입니다.

워 먼 꽁 쓰 스 가오 푸 쭈앙 더 마오 이 꽁 쓰
我们 公司 是 搞服装的 贸易公司。
Wǒmen gōngsī shì gǎofúzhuāngde màoyìgōngsī.

워 먼 뚜이 꾸이꽁쓰 셩 찬 더 푸 쭈앙 헌 간 씽 취
我们 对 贵公司 生产的 服装 很 感兴趣。
Wǒmen duì guìgōngsī shēngchǎnde fúzhuāng hěn gǎnxìngqù.

넝 부 넝 게이 워 칸 이 시아 양 핀
能不能 给 我 看 一下 样品?
Néngbunéng gěi wǒ kàn yíxià yàngpǐn?

뿌 하오 이 쓰 시엔짜이 즈 여우 화 처 허 찬 핀 수어 밍 수
不好 意思, 现在 只有 画册 和 产品 说明书。
Bùhǎo yìsi, xiànzài zhǐyǒu huàcè hé chǎnpǐn shuōmíngshū.

커 부 커 이 게이 워 지에스 이 시아 화 처
可不可以 给 我 解释 一下 画册?
Kě bu kě yǐ gěi wǒ jiěshì yíxià huàcè?

쩌 츠 미엔탄 헌 여우 이 이 짜이 리엔 시 바
这次 面谈 很 有 意义, 再 联系 吧。
Zhècì miàntán hěn yǒu yìyì, zài liánxì ba.

짜이찌엔
再见。
Zàijiàn.

쩌 스 신 찬 핀 더 화 처
这 是 新产品的 画册。
Zhè shì xīnchǎnpǐnde huàcè.

신 찬 핀 더 여우디엔 스 선 머
新产品的 优点 是 什么?
Xīnchǎnpǐnde yōudiǎn shì shénme?

쩌 스 통구어 까오 커 지 지 수 셩 찬 더 찬 핀
这 是 通过 高科技技术 生产的 产品。
Zhè shì tōngguò gāokējì jìshù shēngchǎnde chǎnpǐn.

부록

가격은 어떻습니까?

중국 국내산보다는 약간 비싼 편입니다.

가격이 가장 중요한데 다시 한번 검토가 가능합니까?

저희가 드릴 수 있는 최고의 가격을 뽑아 보겠습니다.

저희도 시장조사를 해 보도록 하겠습니다.

또 다른 종류는 없나요?

소비자의 반응

소비자의 반응은 어떻습니까?

반응이 아주 좋습니다.

시장 점유율은 어느 정도 됩니까?

20% 정도를 차지하고 있습니다.

지아 거 전 머 양
价格 怎么 样?
Jiàgé zěnme yàng?

비 쭝 구어 찬 더 하이 꾸이 이 디엔
比 中国产的 还 贵 一点。
Bǐ Zhōngguóchǎnde hái guì yìdiǎn.

지아 거 스 쭈이 쫑 야오 더 넝 부 넝 짜이 카오 뤼 이시알
价格 是 最重要的, 能不能 再 考虑 一下儿?
Jiàgé shì zuìzhòngyàode, néngbunéng zài kǎolǜ yíxiàr?

워 먼 짜이 쑤안 이 시아 게이 니 쭈이하오 더 지아 거
我们 再 算 一下, 给 你 最好的 价格。
Wǒmen zài suàn yíxià, gěi nǐ zuìhǎode jiàgé.

워 먼 예 카오 차 이 시아 스 창
我们 也 考察 一下 市场。
Wǒmen yě kǎochá yíxià shìchǎng.

여우메이여우 비에 더 종 레이
有没有 别的 种类?
Yǒuméiyǒu biéde zhǒnglèi?

시아오페이 저 뚜이 쩌 찬 핀 더 판 잉 루 허
消费者 对 这 产品的 反应 如何?
Xiāofèizhě duì zhè chǎnpǐnde fǎnyìng rúhé?

판 잉 헌 하오
反应 很 好。
Fǎnyìng hěn hǎo.

스 창 짠 여우 뤼 꿍 여우 뚜어사오
市场 占有率 共有 多少?
Shìchǎng zhànyǒulǜ gòngyǒu duōshao?

짠 여우 뤼 위에 바이 펀 즈 얼 스
占有率 约 百分之 二十。
Zhànyǒulǜ yuē bǎifēnzhī èrshí.

부록

이것이 최근에 히트한 제품입니다.

디자인이 아주 심플하군요.

색상은 몇 가지가 있습니까?

모두 5색이 있습니다.

결정하기 전에…
아, 잠깐만요!

좀 더 검토해보고 연락드리겠습니다.

가격을 한번 뽑아 보겠습니다.

금주중으로 답변해 드리겠습니다.

계약의 성사
자, 여기 계약서입니다.

여기 사인을 부탁드립니다.

쩌 스 쭈이진 쭈이 창 시아오 더 찬 핀
这 是 最近 最畅销的 产品。
Zhè shì zuìjìn zuìchàngxiāode chǎnpǐn.

서 지 더 지엔지에 다 팡
设计得 简洁大方。
Shèjìde jiǎnjiédàfāng.

여우 지 종 이엔 써
有 几种 颜色?
Yǒu jǐzhǒng yánsè?

종 꽁 여우 우 종 이엔 써
总共 有 五种 颜色。
Zǒnggòng yǒu wǔzhǒng yánsè.

아 덩 이 시아
啊, 等 一下!
Ā, děng yíxià!

워 카오 뤼 이 허우 짜이 껀 니 리엔 시
我 考虑 以后 再 跟 你 联系。
Wǒ kǎolǜ yǐhòu zài gēn nǐ liánxì.

워 시엔 바 빠오지아 딴 쭈어 추 라이
我 先 把 报价单 做出来。
Wǒ xiān bǎ bàojiàdān zuòchūlái.

쩌 씽 치 즈 네이 게이 니 다 푸
这 星期之内 给 你 答复。
Zhè xīngqī zhīnèi gěi nǐ dáfù.

쩌 스 허 통 수
这 是 合同书。
Zhè shì hétóngshū.

칭 닌 짜이 쩌 얼 치엔 밍
请 您 在 这儿 签名。
Qǐng nín zài zhèr qiānmíng.

계약서는 영어로 되어 있습니다만, 괜찮습니까?

그럼, 잘 부탁드리겠습니다.

저희도 최선을 다하겠습니다.

믿고 맡겨주셔서 감사합니다.

시간 내 주셔서 감사합니다.

발주 및 납품
이 제품으로 2만개를 발주하고 싶습니다.

언제쯤 납품 받을 수 있습니까?

정확한 시간은 상의 후에 알려 드리겠습니다.

1개월 정도면 가능할 것입니다.

요구
포장에 특히 유의하시기 바랍니다.

허 통수 스 용 잉원 시에더 커이 마
合同书 是 用 英文 写的, 可以 吗?
Hétóngshū shì yòng yīngwén xiěde, kěyǐ ma?

나 머 빠이투어 니 러
那么, 拜托 你 了。
Nàme, bàituō nǐ le.

워 먼 예 후이 진리 더
我们 也 会 尽力 的。
Wǒmen yě huì jìnlide.

간 시에 닌 바 타 팡신더 찌아오게이 워 라이쭈어
感谢 您, 把 它 放心地 交给 我 来做。
Gǎnxiè nín, bǎ tā fàngxīnde jiāogěi wǒ láizuò.

시에시에 닌 초우콩 지엔 워
谢谢 您 抽空 见 我。
Xièxie nín chōukōng jiàn wǒ.

부록

쩌 찬 핀 워 시앙 띵쭈어 량 완 거
这 产品 我 想 定做 两万 个。
Zhè chǎnpǐn wǒ xiǎng dìngzuò liǎngwàn ge.

선 머 스 허우 커 이 지아오후어
什么 时候 可以 交货?
Shénme shíhou kěyǐ jiāohuò?

쥰 취에 더 스 지엔 워 먼 상 리앙 이 허우 짜이 통 즈 니 먼
准确的 时间 我们 商量 以后,再 通知 你们。
Zhǔnquède shíjiān wǒmen shāngliang yǐhòu, zài tōngzhī nǐmen.

따 위에 야오 쭈어 이 거 위에 주어여우
大约 要 做 一个 月 左右。
Dàyuē yào zuò yígeyuè zuǒyòu.

짜이 빠오주앙 팡 미엔 터 비에 쭈 이 이 시아
在 包装 方面 特别 注意 一下。
Zài bāozhuāng fāngmiàn tèbié zhùyì yíxià.

급할 때 찾아쓰는 비즈니스 한마디

납기를 꼭 맞춰 주시면 좋겠습니다.

송금은 언제까지 가능하겠습니까?

칭찬할 때, 칭찬받을 때
모두 왕선생 덕분입니다.

직원분들이 아주 잘 해 주셨습니다.

농담도 잘 하시는군요.

정말 미남/미녀시군요.

천만에요.

너무 비행기 태우지 마세요.

정말이에요?

전화 / 팩스
여보세요!

지아오후어 스 지엔 이 딩 야오 준 스
交货 时间 一定 要 准时。
Jiāohuò shíjiān yídìng yào zhǔnshí.

선 머 스호우 커 이 후이 콴 너
什么 时候 可以 汇款 呢?
Shénme shíhou kěyǐ huìkuǎn ne?

또우 투어 왕 시엔 성 더 푸
都 托 王先生的 福。
Dōu tuō Wángxiānshengde fú.

즈 위엔 먼 또우 뚜이 워 헌 하오
职员们 都 对 我 很 好。
Zhíyuánmen dōu duì wǒ hěn hǎo.

니 헌 후이 카이 완 시아오
你 很 会 开 玩笑。
Nǐ hěn huì kāi wánxiào.

쩐 스 거 메이 난 메이 뉘
真 是 个 美男 / 美女。
Zhēn shìge měinán měinǚ.

나 리 나 리
哪里 哪里。
Nǎli nǎli.

부 야오 타이 쿠아 짱 러
不要 太 夸张 了。
Búyào tài kuāzhāng le.

스 쩐 더 마
是 真的 吗?
Shì zhēnde ma?

웨이
喂!
Wéi!

왕수어 씨 계십니까?

잠깐만요.

자리에 안 계십니다.

죄송하지만 한국의 김진수한테서 전화왔었다고 전해 주십시오.

연락처가 있으십니까? 들어오시면 전해 드리겠습니다.

호텔 전화번호는 332-5678이며 88호에 있습니다.

알겠습니다, 아무때나 상관없습니까?

아무때나 상관없습니다, 감사합니다.

전화2

여보세요, 안녕하세요?

여보세요, 어디십니까?

왕 수어 짜이 마
王硕 在 吗?
Wángshuò zài ma?

칭 사오 덩
请 稍等。
Qǐng shāoděng.

타 부 짜이
她 不在。
Tā búzài.

부록

마 판 닌 쭈안까오 타 한 구어 더 진 쩐 시유 라이구어 띠엔 화
麻烦 您 转告 他, 韩国的 金 真秀 来过 电话。
Máfan nín zhuǎngào tā, Hánguóde Jīn Zhēnxiù láiguo diànhuà.

닌 여우메이여우 리엔 시 띠엔 화   워 후이 쭈안까오 타
您 有没有 联系 电话? 我 会 转告 他。
Nín yǒuméiyǒu liánxì diànhuà? Wǒ huì zhuǎngào tā.

판 디엔 더 띠엔 화 하오 마 스 싼싼얼 우리우치빠   워 쭈 짜이 빠빠하오 팡 지엔
饭店的 电话号码 是 332 5678, 我 住在 88号 房间。
Fàndiànde diànhuàhàomǎ shì 332 5678, wǒ zhùzài 88hào fángjiān.

쯔 다오 러 수이 스 또우 커 이 마
知道 了, 随时 都 可以 吗?
Zhīdao le, suíshí dōu kěyǐ ma?

수이 스 또우 커 이 시에시에
随时 都 可以, 谢谢。
Suíshí dōu kěyǐ, xièxie.

웨이 니 하오
喂, 你 好。
Wéi, nǐ hǎo.

웨이 닌 스 나 리
喂, 您 是 哪里?
Wéi, nín shì nǎli?

김진수입니다.

한국 B무역회사의 김대리입니다.

만약 내일 시간이 있으시면, 찾아뵙고 싶습니다.

오후에는 시간이 있습니다.

감사합니다, 그럼 내일 오후에 찾아뵙겠습니다.

내일 만납시다.

^{팩스}
팩스 번호가 어떻게 됩니까?

견적서를 팩스로 보내 드리겠습니다.

여보세요? 지금 막 팩스 보내드렸는데요.

받아보셨습니까?

워 스 진 쩐시유
我 是 金 真秀。
Wǒ shì Jīn Zhēnxiù.

한구어 B 마오이 꽁쓰더 진 따이리
韩国 B 贸易公司的 金 代理。
Hánguó B màoyì gōngsī de Jīn dàilǐ.

루구어 니 밍티엔 여우 스지엔 워 시앙 껀 니 찌엔미엔
如果 你 明天 有 时间, 我 想 跟 你 见面。
Rúguǒ nǐ míngtiān yǒu shíjiān, wǒ xiǎng gēn nǐ jiànmiàn.

시아우 여우 스지엔
下午 有 时间。
Xiàwǔ yǒu shíjiān.

시에시에 밍티엔 시아우 찌엔미엔
谢谢, 明天 下午 见面。
Xièxie, míngtiān xiàwǔ jiànmiàn.

밍 티엔 찌엔
明天 见。
Míngtiān jiàn.

칭 원 이 시아 닌 더 추안 쩐 하오 마
请问 一下 您的 传真 号码?
Qǐngwèn yíxià nínde chuánzhēn hàomǎ?

바 빠오지아 딴 파 추안 쩐 게이 닌
把 报价单 发 传真 给您。
Bǎ bàojiàdān fā chuánzhēn gěi nín.

웨이 워 깡 파 구어 추안 쩐 게이 닌
喂? 我 刚 发过 传真 给您。
Wéi? Wǒ gāng fāguo chuánzhēn gěi nín.

닌 서우따오 러 마
您 收到 了 吗?
Nín shōudào le ma?

글씨가 잘 안 보입니다.

다시 한번 보내 주시겠습니까?

세 번째 페이지만 다시 보내 주십시오.

모두 해서 4장이 맞습니까?

이메일
이메일 주소가 어떻게 되십니까?

sinokorean@yahoo.com입니다.

보내주신 메일 잘 받았습니다.

다른 메일 주소가 있습니까?

이메일이 왔는데, 글자가 다 깨졌습니다.

텍스트 파일로 다시 한번 보내 주세요.

쯔 칸 부 칭 추
字 看不清楚。
Zì kànbuqīngchǔ.

마 판 닌 총 신 파 이 츠 하오 마
麻烦 您 重新 发 一次 好 吗?
Máfan nín chóngxīn fā yícì hǎo ma?

즈 야오 바 띠 싼 예 파 게이 워 찌우 커 이
只要 把 第三页 发给 我 就 可以。
Zhǐyào bǎ dìsānyè fāgěi wǒ jiù kěyǐ.

종 꽁 쓰 장 뚜이 마
总共 四张 对 吗?
Zǒnggòng sìzhāng duì ma?

닌 더 e-mail 띠즈 스 선 머
您的 e-mail 地址 是 什么?
Nínde e-mail dìzhǐ shì shénme?

스
是 sinokorean@yahoo.com。
Shì

닌 파 게이 워 더 e-mail 워 이 징 서우따오 러
您 发给 我的 e-mail 我 已经 收到 了。
Nín fāgěi wǒde e-mail wǒ yǐjīng shōudào le.

여우메이여우 비에 더 e-mail 띠 즈
有没有 别的 e-mail 地址?
Yǒuméiyǒu biéde e-mail dìzhǐ?

띠엔 즈 여우지엔 스 서우따오 러 딴 즈 취엔스루안마
电子邮件 是 收到 了, 但 字 全是乱码。
Diànzǐyóujiàn shì shōudào le, dàn zì quánshìluànmǎ.

칭 용 TEXT 원지엔 짜이 파 게이 워 바
请 用 TEXT 文件 再 发给 我 吧。
Qǐng yòng TEXT wénjiàn zài fāgěi wǒ ba.

부
록

237

RTF화일로 다시 저장해 보세요.

죄송하지만 영문으로 다시 보내 주시겠습니까?

전시회 참가 - 등록
바이어들은 어디에서 등록을 합니까?

외국인이십니까?

예, 한국에서 왔습니다.

이 등록표를 작성해 주십시오.

어떻게 작성합니까?

전시회 팜플렛은 어디에 있습니까?

등록이 끝나면 무료로 드립니다. 잠시만 기다려 주십시오.

감사합니다.

닌 용 RTF 원 지엔 짜이 춘 이 시아
您 用 RTF 文件 再存 一下。
Nín yòng RTF wénjiàn zàicún yíxià.

마 판 닌 용 잉 원 짜이 파 게이 워 하오 마
麻烦 您, 用 英文 再 发给 我, 好 吗?
Máfan nín, yòng Yīngwén zài fāgěi wǒ, hǎo ma?

칭 원 커 상 짜이 나 리 떵 지
请问, 客商 在 哪里 登记?
Qǐngwèn, kèshāng zài nǎli dēngjì?

와이구어 런 마
外国人 吗?
Wàiguórén ma?

스 총 한 구어 라이 더
是, 从 韩国 来 的。
Shì, cóng Hánguó lái de.

바 쩌 거 비아오 거 티엔 이 시아
把 这个 表格 填 一下。
Bǎ zhège biǎogé tián yíxià.

전 머 티엔
怎么 填?
Zěnme tián?

잔 란 후이 더 지에사오 수 짜이 나 리
展览会的 介绍书 在 哪里?
Zhǎnlǎnhuìde jièshàoshū zài nǎli?

떵 지 완 러 미엔페이 게이 니 칭 사오 덩
登记 完了, 免费 给 你。 请 稍等。
Dēngjì wánle, miǎnfèi gěi nǐ. Qǐng shāoděng.

시에시에
谢谢。
Xièxie.

부록

급할 때 찾아쓰는 비즈니스 한마디

전시회장에서
출입증을 보여 주십시오.

여기 한국상품 전시장은 어디입니까?

2층입니다.

어떻게 가면 됩니까?

2층으로 올라가서 왼쪽으로 가십시오.

감사합니다.

식당에서
중국 음식은 처음 드십니까?

예, 처음입니다.

중국 음식을 좋아하시는지 모르겠습니다.

괜찮습니다. 중국 음식을 좋아합니다

칭 게이 워 칸 이시아 떵 지 카
请 给 我 看 一下 登记卡。
Qǐng gěi wǒ kàn yíxià dēngjìkǎ.

짜이 쩌얼 한구어 찬핀 잔란창 스 나리
在 这儿 韩国 产品 展览场 是 哪里?
Zài zhèr Hánguó chǎnpǐn zhǎnlǎnchǎng shì nǎli?

짜이 얼로우
在 二楼。
Zài èrlóu.

부록

전 머 저우
怎么 走?
Zěnme zǒu?

상 얼로우 왕 주어과이
上 二楼, 往 左拐。
Shàng èrlóu, wǎng zuǒguǎi.

시에시에
谢谢。
Xièxie.

닌 띠이츠 츠 쭝 구어차이 마
您 第一次 吃 中国菜 吗?
Nín dìyícì chī Zhōngguócài ma?

스 띠이츠 츠
是, 第一次 吃。
Shì, dìyīcì chī.

워 파 닌 뿌시환 츠 쭝 구어차이
我 怕 您 不喜欢 吃 中国菜。
Wǒ pà nín bùxǐhuan chī Zhōngguócài.

메이꾸안 시 워 시환 츠 쭝 구어차이
没关系。 我 喜欢 吃 中国菜。
Méiguānxi. Wǒ xǐhuan chī Zhōngguócài.

어떤 요리를 좋아하세요?

저는 사천요리를 좋아합니다.

상해요리는 어떻습니까?

좋습니다, 대신 주문하는 거 도와주셔야 해요.

한국에 손님이 오셨을 때
한국에는 언제 오셨어요?

어제 저녁에 왔습니다.

한국은 이번이 처음이세요?

예, 처음입니다. / 두 번째입니다.

아뇨, 자주 오는 편입니다.

상해에서 서울까지는 비행기로 얼마나 걸립니까?

닌 시환 츠 선머 양 더 차이
您 喜欢 吃 什么 样的 菜?
Nín xǐhuan chī shénme yàngde cài?

워 시환 츠 쓰추안차이
我 喜欢 吃 四川菜。
Wǒ xǐhuan chī Sìchuāncài.

츠 상하이차이 전 머 양
吃 上海菜 怎么 样?
Chī Shànghǎicài zěnme yàng?

하오 더 딴스 야오 닌 빵 워 디엔차이
好的, 但是 要 您 帮 我 点菜。
Hǎode, dànshì yào nín bāng wǒ diǎncài.

스 선머 스호우 따오 한 구어 더
是 什么 时候 到 韩国的?
Shì shénme shíhou dào Hánguóde?

주어완 따오 더
昨晚 到的。
Zuówǎn dàode.

쩌 스 띠 이 츠 라이 한 구어 팡 원 마
这 是 第一次 来 韩国 访问 吗?
Zhè shì dìyícì lái Hánguó fǎngwèn ma?

스 스 띠 이 츠 스 띠 얼 츠
是, 是 第一次。 / 是 第二次。
Shì, shì dìyícì. Shì dì'èrcì.

뿌 스 찡 창 라이
不, 是 经常 来。
Bù, shì jīngcháng lái.

총 상하이 따오 서우 얼 야오 쭈어 뚜어 창 스 지엔 더 페이 지
从 上海 到 首尔 要 坐 多长 时间的 飞机?
Cóng Shànghǎi dào Shǒu'ěr yào zuò duōcháng shíjiānde fēijī?

243

중국어는 어디서 배웠습니까?

대학에서 배웠습니다.

학원에서 배웠습니다.

중국어를 참 잘 하시는군요.

아뇨 , 아직 멀었습니다.

접대

오늘 저녁 같이 식사 하실래요?

오늘은 제가 대접하겠습니다.

여기가 한국의 전통음식점입니다.

앉으세요.

신발을 벗고 들어가야 합니다.

니 짜이 나 알 쉬에더 한 위
你 在 哪儿 学的 汉语?
Nǐ zài nǎr xuéde Hànyǔ?

짜이 따 쉬에 쉬에 더
在 大学 学的。
Zài dàxué xuéde.

짜이 부 시 빤 쉬에 더
在 补习班 学的。
Zài bǔxíbān xuéde.

니 한 위 지앙 더 헌 부 추어
你 汉语 讲得 很 不错。
Nǐ Hànyǔ jiǎngde hěn búcuò.

뿌 하이 차 더 헌 위엔
不, 还差得 很 远。
Bù, háichàde hěn yuǎn.

찐 완 커 이 이 치 츠 판 마
今晚 可以 一起 吃饭 吗?
Jīnwǎn kěyǐ yìqǐ chīfàn ma?

찐 티엔 여우 워 지에따이 니 먼 바
今天 由 我 接待 你们 吧。
Jīntiān yóu wǒ jiēdài nǐmen ba.

쩌 스 한 구어 추안 퉁 찬 관
这 是 韩国 传统 餐馆。
Zhè shì Hánguó chuántǒng cānguǎn.

닌 칭 쭈어
您 请 坐。
Nín qǐng zuò.

야오 투어시에 진 취
要 脱鞋 进去。
Yào tuōxié jìnqù.

245

한번 드셔 보세요.(맛보세요)

한국에서는 이렇게 말합니다.

맛이 어떠세요?

아주 맛있군요.

하나 더 드실래요?

비빔밥은 고추장을 넣어서 비벼서 먹어야 합니다.

약간 매울 수도 있습니다.

고기는 이렇게 상추에 싸서 드셔 보세요

이건 한국식 디저트입니다.

자! 갈까요!

창 이 창
尝一尝。
Chángyicháng.

짜이 한 구어 또우 후이 쩌 머 수어
在 韩国 都 会 这么 说。
Zài Hánguó dōu huì zhème shuō.

웨이따오 전 머 양
味道 怎么 样?
Wèidào zěnme yàng?

흔 하오 츠
很 好 吃。
Hěn hǎo chī.

짜이 라이 이 거 마
再 来 一个 吗?
Zài lái yí ge ma?

빤 판 야오 팡 라 지아오지앙 빤 저 츠
拌饭 要 放 辣椒酱 拌着 吃。
Bànfàn yào fàng làjiāojiàng bànzhe chī.

커 넝 후이 사오웨이 라 이 디엔
可能 会 稍微 辣 一点。
Kěnéng huì shāowēi là yìdiǎn.

로우 야오 팡짜이 성 차이 리 빠오 저 츠
肉 要 放在 生菜里 包着 吃。
Ròu yào fàngzài shēngcàili bāozhe chī.

쩌 스 한 스 티엔스
这 是 韩式 甜食。
Zhè shì Hánshì tiánshí.

하오 워 먼 저우 바
好! 我们 走 吧!
Hǎo! Wǒmen zǒu ba!

오늘 아주 잘 먹었습니다.

술자리에서
술은 잘 하시는 편이세요?

잘은 못하지만, 분위기를 좋아합니다.

저 사람은 술고래예요.

중국에서는 주로 어떤 술을 드십니까?

한국에서는 맥주와 소주가 일반적입니다.

맛이 어떤가요?

이건 새로 나온 술인데 아주 맛있습니다.

헤어질 때
오늘 정말 고마웠습니다.

저도 만나뵙게 되어 반가웠습니다.

찐 티엔 츠 더 쩐 통 콰이
今天 吃得 真 痛快。
Jīntiān chīde zhēn tòngkuài.

니 지우 량 하오 마
你 酒量 好 吗?
Nǐ jiǔliàng hǎo ma?

후이 이 디엔디엔 딴스 워 헌 시 환 나종 치 펀
会 一点点, 但是 我 很 喜欢 那种 气氛。
Huì yìdiǎndiǎn, dànshì wǒ hěn xǐhuan nàzhǒng qìfēn.

타 스 지우구이
他 是 酒鬼。
Tā shì jiǔguǐ.

짜이 쭝 구어 따 뚜어 또우 허 선 머 지우 너
在 中国 大多 都 喝 什么 酒 呢?
Zài Zhōngguó dàduō dōu hē shénme jiǔ ne?

피 지우 허 사오지우 스 짜이 한 구어 쭈이 창 지엔 더 지우
啤酒 和 烧酒 是 在 韩国 最 常见的 酒。
Píjiǔ hé shāojiǔ shì zài Hánguó zuì chángjiànde jiǔ.

웨이따오 전 머 양
味道 怎么 样?
Wèidào zěnme yàng?

쩌 스 신 추 더 지우 웨이따오 페이 창 하오
这 是 新出的 酒, 味道 非常 好。
Zhè shì xīn chū de jiǔ, wèidào fēicháng hǎo.

찐 티엔 쩐 시에시에 니 러
今天 真 谢谢 你 了。
Jīntiān zhēn xièxie nǐ le.

런 스 니 워 예 헌 까오 씽
认识 你 我 也 很 高兴。
Rènshi nǐ wǒ yě hěn gāoxìng.

다음에 한국에도 한번 오세요.

사장님께 안부 전해 주세요.

그럼 다음에 또 뵙겠습니다.

호텔 비즈니스센터 이용
인터넷을 이용하고 싶은데요.

비즈니스 센터에 가면 이용하실 수 있습니다.

이용료는 15원입니다.

한국어도 지원이 됩니까?

죄송합니다. 영어와 중국어만 가능합니다.

그렇지만 한국어로 된 사이트를 볼 수는 있습니다.

팩스도 보낼 수 있나요?

이 호우 여우 지 후이 따오 한 구어 라이 이 탕
以后 有 机会 到 韩国 来 一趟。
Yǐhòu yǒu jīhuì dào Hánguó lái yítàng.

빵 워 게이 라오반 원 하오
帮 我 给 老板 问好。
Bāng wǒ gěi lǎobǎn wènhǎo.

나 머 시아 츠 짜이찌엔
那么, 下次 再见。
Nàme, xiàcì zàijiàn.

워 시앙 상 인 터 왕
我 想 上 因特网。
Wǒ xiǎng shàng yīntèwǎng.

닌 커 이 따오 상 우 쭝신 상 왕
您 可以 到 商务中心 上网。
Nín kěyǐ dào shāngwùzhōngxīn shàngwǎng.

페이용 스 스 우 위엔
费用 是 十五元。
Fèiyòng shì shíwǔyuán.

한 위 예 커 이 마
韩语 也 可以 吗?
Hányǔ yě kěyǐ ma?

뿌 하오 이 쓰 즈 넝 용 잉 원 허 쭝 원
不好 意思。 只能 用 英文 和 中文。
Bùhǎo yìsi. Zhǐnéng yòng Yīngwén hé Zhōngwén.

딴 스 커 이 칸 한 위 왕 예
但是 可以 看 韩语 网页。
Dànshì kěyǐ kàn Hányǔ wǎngyè.

예 커 이 파 추안 쩐 마
也 可以 发 传真 吗?
Yě kěyǐ fā chuánzhēn ma?

어디로 보내는 팩스입니까?

한국 서울의 123-4567로 보내 주세요.

한 장당 12원입니다.

4장 보내 주세요.

48원입니다. 고맙습니다.

서울에서 제 앞으로 FAX 들어온 것 있습니까?

몇 호실이죠?

1234호입니다.

아직 없습니다.

외출중에 팩스가 오면 메모 부탁합니다

추안 쩐 야오 파왕 나리
传真 要 发往 哪里?
Chuánzhēn yào fāwǎng nǎli?

한 구어 서우 얼 추안 쩐 하오 마 스 야오 얼 싼 쓰 우 리우 치
韩国 首尔, 传真 号码 是 一二三 四五六七。
Hánguó Shǒu'ěr, chuánzhēnhàomǎ shì yāo èr sān sì wǔ liù qī.

메이 장 스 얼 위엔
每张 十二元。
Měizhāng shí'èryuán.

파 쓰 장 바
发 四张 吧。
Fā sìzhāng ba.

이 꿍 쓰 스 빠 위엔 시에시에
一共 四十八元, 谢谢!
Yígòng sìshíbāyuán, xièxie!

여우 메이 여우 총 서우 얼 따오 워 쩌 리 더 추안 쩐
有没有 从 首尔 到 我 这里的 传真?
Yǒuméiyòu cóng Shǒu'ěr dào wǒ zhèlide chuánzhēn?

지 하오 팡 지엔
几号 房间?
Jǐhào fángjiān?

야오 얼 싼 쓰 하오
一二三四 号。
Yāo èr sān sì hào.

하이 메이 여우
还 没有。
Hái méiyǒu.

루 구어 워 부 짜이 더 스 호우 라이 추안 쩐 칭 게이 워 리우 장 즈 티아오
如果 我 不在的 时候 来 传真, 请 给我 留张 纸条。
Rúruǒ wǒ búzàide shíhou lái chuánzhēn,qǐng gěiwǒ liúzhāng zhǐtiáo.

253

알겠습니다.

은행-통장개설 현금 찾기
달러 통장을 만들려고 하는데요.

먼저 신청서를 작성하여 주십시오.

중국어를 잘 모르는데 도와 주십시오.

신분증과 신청서를 주십시오.

비밀번호 4자리를 눌러 주세요.

다시 한번 눌러 주십시오.(비밀번호 4자리)

다 되었습니다. 여기 있습니다.

고맙습니다.

서울에서 송금을 하면 며칠 정도 걸립니까?

부록

하오 더
好的。
Hǎode.

워 야오 카이 메이진 짱후
我 要 开 美金 帐户。
Wǒ yào kāi Měijīn zhànghù.

칭 시엔 티엔 이 시아 선 칭 비아오 거
请 先 填 一下 申请 表格。
Qǐng xiān tián yíxià shēnqǐng biǎogé.

워 뿌동 쭝원 칭 빵 이 시아 망
我 不懂 中文, 请 帮 一下 忙。
Wǒ bùdǒng Zhōngwén, qǐng bāng yíxià máng.

칭 바 닌더 선펀쩡 허 선 칭 비아오 게이 워
请 把 您的 身份证 和 申请表 给 我。
Qǐng bǎ nínde shēnfènzhèng hé shēnqǐngbiǎo gěi wǒ.

칭 수 루 쓰 웨이 미 마
请 输入 四位 密码。
Qǐng shūrù sìwèi mìmǎ.

칭 총 신 수 루
请 重新 输入。
Qǐng chóngxīn shūrù.

카이하오 러 게이 닌
开好 了。 给 您。
Kāihǎo le. Gěi nín.

시에시에
谢谢。
Xièxie.

총 서우 얼 후이 콴 따오 워 더 짱후 쉬 야오 지 티엔
从 首尔 汇款 到 我的 帐户 需要 几天?
Cóng Shǒu'ěr huìkuǎn dào wǒde zhànghù xūyào jǐtiān?

4~5일 정도 걸립니다.

서울에서 송금한 돈이 도착하였습니까?

통장을 보여 주세요.

5000달러가 도착하였습니다.

3000달러만 찾으려고 하는데요.

달러로 찾으실 겁니까?

인민폐로 찾으실 겁니까?

달러로 주십시오.

3000달러 여기 있습니다.

고맙습니다!

야오 쓰 따오 우 티엔
要 四 到 五天。
Yào sì dào wǔtiān.

총 서우 얼 후이꾸어라이 더 치엔 따오 러 마
从 首尔 汇过来的 钱 到 了 吗?
Cóng Shǒu'ěr huìguòláide qián dào le ma?

랑 워 칸 이 시아 닌 더 쨍 후
让 我 看 一下 您的 帐户。
Ràng wǒ kàn yíxià nínde zhànghù.

부록

이 징 따오 러 우 치엔 메이 진
已经 到了 五千 美金。
Yǐjīng dàole wǔqiān Měijīn.

워 야오 티 싼치엔 메이 진
我 要 提 三千 美金。
Wǒ yào tí sānqiān Měijīn.

닌 야오 메이 진
您 要 美金?
Nín yào Měijīn?

닌 야오 런 민 삐
您 要 人民币?
Nín yào Rénmínbì?

워 야오 메이 진
我 要 美金。
Wǒ yào Měijīn.

쩌 스 싼치엔 메이 진
这 是 3000 美金。
Zhè shì sānqiān Měijīn.

시에시에
谢谢!
Xièxie!

가게	商店	shāngdiàn	상디엔
가격	价格	jiàgé	지아거
가구	家具	jiājù	지아쮜
가깝다	近	jìn	진
가끔	常常	chángcháng	창창
가늘다	细	xì	시
가능하다	可能	kěnéng	커넝
가다	去	qù	취
가득하다(만원)	满	mǎn	만
가르쳐 주세요	教我	jiàowǒ	찌아오워
가방	包	bāo	빠오
가볍다	轻	qīng	칭
가수	歌手	gēshǒu	꺼셔우
가운데	中间	zhōngjiān	쭝지엔
안	里面	lǐmiàn	리미엔
가위	剪刀	jiǎndāo	지엔따오
가을	秋天	qiūtiān	치우티엔
가족	家属	jiāshǔ	지아슈
가지고 오다	带过来	dàiguòlái	따이꾸어라이

간장	酱油	jiàngyóu	지앙여우
간호사	护士	hùshi	후스
갈아타다	换车	huànchē	환처
감기약	感冒药	gǎnmàoyào	간마오야오
감독하다	监督	jiāndū	지엔두
(운동팀)감독	教练	jiàoliàn	지아오리엔
갑자기	突然	tūrán	투란
강사	讲课人	jiǎngkèrén	지앙커런
강하다	强	qiáng	치앙
같다	一样	yíyàng	이양
같이	一起	yìqǐ	이치
거기에	在那儿	zàinàr	짜이날
거스름돈	找回的钱	zhǎohuídeqián	자오후이더치엔
건강하다	健康	jiànkāng	지엔캉
건너다	过	guò	꾸어
건배	干杯	gānbēi	깐뻬이
건전지	电池	diànchí	띠엔츠
검다	黑	hēi	헤이
검사	检查	jiǎnchá	지엔차

259

게임	游戏	yóuxì	여우시
게임씨디	游戏CD	yóuxìCD	여우시씨디
겨울	冬天	dōngtiān	똥티엔
결정하다	决定	juédìng	쥐에딩
결혼기념일	结婚记念日	jiéhūnjìniànrì	지에훈지니엔르
경고	警告	jǐnggào	징까오
경기	比赛	bǐsài	비싸이
경영자	经营者	jīngyíngzhě	징잉져
경찰관	警察	jǐngchá	징차
계단	楼梯	lóutī	로우티
계란	鸡蛋	jīdàn	지단
계산	结帐	jiézhàng	지에짱
계약서	合同书	hétóngshū	허통수
고국	母国	mǔguó	무구어
고급	高级	gāojí	까오지
고등학생	高中生	gāozhōngshēng	까오종셩
고맙습니다	谢谢	xièxie	시에시에
고장	故障	gùzhàng	꾸장
고추장	辣椒酱	làjiāojiàng	라지아오지앙

고향	老乡	lǎoxiāng	라오시앙
곧	马上	mǎshàng	마상
골동품	古玩	gǔwán	구완
골프	高尔夫	gāo'ěrfū	까오얼푸
곳(장소)	地方	dìfang	띠팡
공동	共同	gòngtóng	꽁통
공무원	公务员	gōngwùyuán	꽁우위엔
공예품	工艺品	gōngyìpǐn	꽁이핀
공원	公园	gōngyuán	꽁위엔
공장	工厂	gōngchǎng	꽁창
공중전화	公用电话	gōngyòngdiànhuà	꽁용띠엔화
공항	机场	jīchǎng	지창
과일	水果	shuǐguǒ	수이구어
과자	饼干	bǐnggān	빙깐
과장하다	夸张	kuāzhāng	콰장
광고	广告	guǎnggào	광까오
괜찮아요	没关系	méiguānxi	메이꽌시
교사	老师	lǎoshī	라오스
교수	教授	jiàoshòu	지아오서우

미니 한중 사전

교통사고	车祸	chēhuò	처후어
교회	教堂	jiàotáng	지아오탕
구(9)	九	jiǔ	지우
구급차	救护车	jiùhùchē	지우후처
구두	皮鞋	píxié	피시에
구름	云	yún	윈
구십(90)	九十	jiǔshí	지우스
구워 주세요	给我烤	gěiwǒkǎo	게이워카오
구월(9월)	九月	jiǔyuè	지우위에
구일(9일)	九号	jiǔhào	지우하오
국내선	国内线	guónèixiàn	구어네이시엔
국수	面条	miàntiáo	미엔티아오
국적	国籍	guójí	구어지
국제	国际	guójì	구어지
국제선	国际线	guójìxiàn	구어지시엔
국제전화	国际长途	guójìchángtú	구어지창투
군인	军人	jūnrén	쥔런
굵다	粗	cū	추
귀엽다	可爱	kě'ài	커아이

262

귤	桔子	júzi	쥐쯔
그것	那个	nàge	나거
그러면	那么	nàme	나머
그렇습니다	是那样	shìnàyàng	스나양
그림엽서	明信片	míngxìnpiàn	밍씬피엔
그쪽	那边	nàbiān	나비엔
극장	剧场	jùchǎng	쥐창
근처	附近	fùjìn	푸진
금연	禁止吸烟	jìnzhǐxīyān	진즈시이엔
금연석	禁烟席	jìnyānxí	진이엔시
금요일	星期五	xīngqīwǔ	씽치우
금지	禁止	jìnzhǐ	진즈
기내식	航空食品	hángkōngshípǐn	항콩스핀
기독교	基督教	jīdūjiào	지두지아오
기억하다	记住	jìzhù	지쭈
기자	记者	jìzhě	지저
기차	火车	huǒchē	후어처
긴급	紧急	jǐnjí	진지
길	路	lù	루

길다	长	cháng	창
김	紫菜	zǐcài	쯔차이
깨끗하다	干净	gānjìng	깐징
꽤	相当	xiāngdāng	시앙땅
꿈	梦	mèng	멍
나	我	wǒ	워
나쁘다	坏/不好	huài/bùhǎo	화이/부하오
나의~	我的~	wǒde	워더
나중에	以后	yǐhòu	이허우
낚시	钓鱼	diàoyú	띠아오위
날씨	天气	tiānqì	티엔치
남	南	nán	난
남자	男人	nánrén	난런
남편	老公	lǎogōng	라오꽁
낮다	底	dǐ	디
내 것	我的	wǒde	워더
내리는 곳	下去的地方	xiàqùdedìfang	시아취더띠팡
내리다	下车	xiàchē	시아처
내의, 속옷	内衣	nèiyī	네이이

냉수	凉水	liángshuǐ	량수이
냉커피	冷咖啡	lěngkāfēi	렁카페이
넓다	宽	kuān	쿠안
네 개	四个	sìge	쓰거
네 사람	四个人	sìgerén	쓰거런
네시(4시)	四点	sìdiǎn	쓰디엔
노랗다	黄	huáng	황
노래	歌	gē	꺼
노선표	路线图	lùxiàntú	루시엔투
녹음기	录音机	lùyīnjī	루인지
녹차	绿茶	lǜchá	뤼차
농담하다	开玩笑	kāiwánxiào	카이완시아오
높다	高	gāo	까오
누가/누구	谁	shéi	쉐이
누구라도	谁都	shéidōu	쉐이또우
뉴스	新闻	xīnwén	씬원
느리다	慢	màn	만
다다음주	下下星期	xiàxiàxīngqī	시아시아씽치
다섯 개	五个	wǔge	우거

다섯 사람	五个人	wǔgerén	우거런
다섯시(5시)	五点	wǔdiǎn	우디엔
다음 달	下个月	xiàgeyuè	시아거위에
단체	团体	tuántǐ	투안티
닫다	关闭	guānbì	꾸안삐
달다	挂	guā	꽈
달러	美金	Měijīn	메이진
닭고기	鸡肉	jīròu	지러우
담배	香烟	xiāngyān	시앙이엔
당기다	拉	lā	라
당신	你	nǐ	니
당장, 곧	马上	mǎshàng	마상
대사관	大使馆	dàshǐguǎn	따스관
대통령	总统	zǒngtǒng	쫑통
대학생	大学生	dàxuéshēng	다쉐셩
대형	大型	dàxíng	따씽
더	更	gèng	껑
더럽다	脏	zàng	짱
덥다	热	rè	러

도둑	小偷	xiǎotōu	시아오터우
도서관	图书馆	túshūguǎn	투수관
도착	到达/抵达	dàodá/dǐdá	따오다/디다
도청	盗听	dàotīng	따오팅
독신	单身	dānshēn	단션
돈	钱	qián	치엔
동(東)	东	dōng	똥
동물원	动物园	dòngwùyuán	똥우위엔
돼지고기	猪肉	zhūròu	쭈러우
된장	大酱	dàjiàng	따지앙
두 병	两瓶	liǎngpíng	량핑
두 사람	两个人	liǎnggerén	량거런
두시(2시)	两点	liǎngdiǎn	량디엔
두 장	两张	liǎngzhāng	량짱
두껍다	厚	hòu	허우
둥글다	圆	yuán	위엔
뒤	背后	bèihòu	베이허우
드라이어	吹风机	chuīfēngjī	추이펑지
디저트	甜食	tiánshí	티엔스

디지털카메라	数码相机	shùmǎxiàngjī	수마시앙지
따뜻하다	暖	nuǎn	누안
따로따로	个别	gèbié	끄어비에
따분하다	没有劲儿	méiyǒujìnr	메이여우지얼
딸	女儿	nǚ'ér	뉘얼
또	又	yòu	여우
똑바로	端正	duānzhèng	두안쩡
뜨겁다	烫	tàng	탕
라디오	收音机	shōuyīnjī	서우인지
라면	方便面	fāngbiànmiàn	팡비엔미엔
립스틱	口红	kǒuhóng	커우훙
마지막	最后	zuìhòu	쭈이허우
막차	末班车	mòbānchē	모빤처
만(10,000)	一万	yíwàn	이완
만화	漫画	mànhuà	만화
만화가	漫画家	mànhuàjiā	만화지아
말하다	说	shuō	수어
맛없다	不好吃	bùhǎochī	부하오츠
맛있다	好吃	hǎochī	하오츠

맞은편	对面	duìmiàn	뚜이미엔
매우	十分	shífēn	스펀
매표소	售票处	shòupiàochù	서우피아오추
맥주	啤酒	píjiǔ	피지우
맵다	辣	là	라
먹다	吃	chī	츠
멀다	远	yuǎn	위엔
메뉴	菜谱	càipǔ	차이푸
면도기	刮脸刀	guàliándāo	꽈리엔따오
면세	免税	miǎnshuì	미엔수이
면세품	免税品	miǎnshuìpǐn	미엔수이핀
(운전)면허증	驾驶证	jiàshǐzhèng	지아스쩡
명함	名片	míngpiàn	밍피엔
몇 개	几个	jǐge	지거
몇 명	几个人	jǐgerén	지거런
몇 층	几楼	jǐlóu	지러우
모포, 담요	毛毯	máotǎn	마오탄
목걸이	项链儿	xiàngliànr	시앙리얼
목요일	星期四	xīngqīsì	씽치쓰

부록

목욕하다	洗澡	xǐzǎo	시자오
목적지	目的地	mùdìdì	무띠띠
무겁다	重	zhòng	쫑
무료	免费	miǎnfèi	미엔페이
문구점	文具店	wénjùdiàn	원쥐디엔
물	水	shuǐ	수이
물론	当然	dāngrán	땅란
물수건	湿巾	shījīn	스진
뭐예요?	什么	shénme	션머
미국	美国	Měiguó	메이구어
미안합니다	对不起	duìbuqǐ	뚜이부치
미용실	美容室	měiróngshì	메이롱스
밀다	推	tuī	투이
바쁘다	忙	máng	망
바지	裤子	kùzi	쿠즈
박물관	博物馆	bówùguǎn	보우관
반, 30분	半/半小时	bàn/bànxiǎoshí	빤/빤시아오스
반입금지	禁止带进	jìnzhǐdàijìn	진즈따이진
반지	戒指	jièzhǐ	지에즈

반창고	护创胶布	hùchuàngjiāobù	후추앙지아오뿌
받아들이다	接受	jiēshòu	지에서우
밝다	亮	liàng	리앙
방, 룸(room)	房间	fángjiān	팡지엔
방 하나	一间房	yìjiānfáng	이지엔팡
방금	刚才	gāngcái	깡차이
방법	方法	fāngfǎ	팡파
방송	广播	guǎngbō	광뽀어
방송국	电台	diàntái	띠엔타이
배	船	chuán	추안
배	倍	bèi	뻬이
배우	演员	yǎnyuán	이엔위엔
백(100)	一百	yìbǎi	이바이
백만	一百万	yìbǎiwàn	이바이완
백화점	百货商店	bǎihuòshāngdiàn	바이후어상디엔
버스	公共汽车	gōnggòngqìchē	꽁꽁치처
번역	翻译	fānyì	판이
번호	号码	hàomǎ	하오마
번화하다	繁华	fánhuá	판화

미니 한중 사전

벌써~빨갛다

벌써	已经	yǐjīng	이징
변호사	律师	lǜshī	뤼스
병	瓶	píng	핑
병따개	起盖器	qǐgàiqì	치까이치
병원	医院	yīyuàn	이위엔
보석	宝石	bǎoshí	바오스
보통	普通	pǔtōng	푸퉁
보험	保险	bǎoxiǎn	바오시엔
봄	春天	chūntiān	춘티엔
봉투	信封	xìnfēng	씬펑
부부	夫妇	fūfù	푸푸
부인	夫人	fūrén	푸런
부자	有钱人	yǒuqiánrén	여우치엔런
부장	部长	bùzhǎng	부장
부탁합니다	拜托	bàituō	빠이투어
북	鼓	gǔ	구
북한	北韩	Běihán	베이한
분실하다	弄丢	nòngdiū	농띠우
불교	佛教	fójiào	포지아오

272

붕대	绷带	bēngdài	뻥따이
브랜디	白兰地	báilándì	바이란띠
비	雨	yǔ	위
비누	肥皂	féizào	페이짜오
비디오	录像机	lùxiàngjī	루시앙지
비디오테이프	录像带	lùxiàngdài	루시앙따이
비밀	秘密	mìmì	미미
비상구	安全出口	ānquánchūkǒu	안취엔추커우
비서	秘书	mìshū	미수
비싸다	贵	guì	꾸이
비었음	空	kòng	콩
비용	费用	fèiyòng	페이용
비자	签证	qiānzhèng	치엔쩡
비즈니스맨	经济人	jīngjìrén	징지런
비행기	飞机	fēijī	페이지
빌딩	大厦	dàshà	따샤
빗	梳子	shūzi	수쯔
빠르다	快	kuài	콰이
빨갛다	红	hóng	홍

빨리	快点	kuàidiǎn	콰이디엔
빵	面包	miànbāo	미엔빠오
빵집	面包店	miànbāodiàn	미엔빠오디엔
뼈	骨头	gǔtou	구터우
사(4)	四	sì	쓰
사과	苹果	píngguǒ	핑구어
사람	人	rén	런
사분의 일(1/4)	四分之一	sìfēnzhīyī	쓰펀즈이
사십(40)	四十	sìshí	쓰스
사업가	实业家	shíyèjiā	스이에지아
사용중	在使用中	zàishǐyòngzhōng	짜이스용종
사월(4월)	四月	sìyuè	스위에
사이즈	尺寸	chǐcun	츠춘
사일(4일)	四号	sìhào	쓰하오
사장	老板	lǎobǎn	라오반
사진	照片	zhàopiàn	짜오피엔
사진기	照相机	zhàoxiàngjī	짜오시앙지
산책하다	散步	sànbù	싼뿌
살려줘	救命	jiùmìng	지우밍

삼월(3월)	三月	sānyuè	싼위에
삼일(3일)	三号	sānhào	싼하오
삼(3)	三	sān	싼
삼분의 이(2/3)	三分之二	sānfēnzhī'èr	싼펀즈얼
삼십일(30일)	三十号	sānshíhào	싼스하오
삼십(30)	三十	sānshí	싼스
삼십분(30분)	三十分钟	sānshífēnzhōng	싼스펀종
상반기	上半期	shàngbànqī	상반치
상자	箱子	xiāngzi	시앙쯔
새 것	新的	xīnde	씬더
새벽	黎明	límíng	리밍
샌드위치	三明治	sānmíngzhì	싼밍즈
생맥주	扎啤	zhāpí	짜피
생선	鱼	yú	위
생일	生日	shēngrì	성르
샤워하다	洗澡	xǐzǎo	시자오
샴푸	洗发精	xǐfàjīng	시파징
서, 서쪽	西	sī	쓰
서비스	服务	fúwù	푸우

미니 한중 사전

서점	书店	shūdiàn	수디엔
석양	夕阳	xīyáng	시양
선글라스	太阳眼镜	tàiyángyǎnjìng	타이양이엔징
선물	礼物	lǐwù	리우
선생님	老师	lǎoshī	라오스
설탕	糖	táng	탕
섬	岛	dǎo	다오
세 사람	三个人	sāngerén	싼거런
세시(3시)	三点	sāndiǎn	싼디엔
세관	海关	hǎiguān	하이관
세금	税金	shuìjīn	수이진
세금 포함	包括税金	bāokuòshuìjīn	빠오쿠어수이진
세탁	洗衣	xǐyī	시이
셀로판테이프	透明胶带	tòumíngjiāodài	터우밍지아오따이
셋	三	sān	싼
소개	介绍	jièshào	지에사오
소고기	牛肉	niúròu	니우러우
소금	盐	yán	이엔
소독약	消毒药	xiāodúyào	시아오두야오

소중하다	贵重	guìzhòng	꾸이종
소포	包裹	bāoguǒ	빠오구어
소형	小型	xiǎoxíng	시아오씽
손님	客人	kèrén	커런
손목시계	手表	shǒubiǎo	서우비아오
손수건	手帕	shǒupà	서우파
손톱깎기	指甲刀	zhǐjiǎdāo	즈지아오따오
쇼핑	购买	gòumǎi	꺼우마이
수건	毛巾	máojīn	마오진
수술	手术	shǒushù	서우수
수영	游泳	yóuyǒng	여우용
수요일	星期三	xīngqīsān	씽치싼
수첩	小笔记本	xiǎobǐjìběn	시아오비지번
수하물	行李	xíngli	씽리
숟가락	勺子	sháozi	사오쯔
술	酒	jiǔ	지우
술집	酒店	jiǔdiàn	지우디엔
쉽다	容易	róngyì	롱이
스타킹	丝袜	sīwà	쓰와

미니 한중 사전

스튜어디스	空姐	kōngjiě	콩지에
스프	汤	tāng	탕
시간	时间	shíjiān	스지엔
시계	表	biǎo	비아오
시골, 농촌	农村	nóngcūn	농춘
시끄럽다	嘈杂	cáozá	차오자
시원하다	凉快	liángkuài	량콰이
시월(10월)	十月	shíyuè	스위에
시장(市场)	市场	shìchǎng	스창
시청	市政府	shìzhèngfǔ	스쩡푸
식당	餐厅	cāntīng	찬팅
식사하다	吃饭	chīfàn	츠판
식염수	护理液	hùlǐyè	후리예
신문	报纸	bàozhǐ	빠오즈
신입사원	新职员	xīnzhíyuán	씬즈위엔
신호등	红绿灯	hónglǜdēng	홍뤼떵
싫다	不喜欢	bùxǐhuan	뿌시환
싫어하다	讨厌	tǎoyàn	타오이엔
십(10)	十	shí	스

십구(19)	十九	shíjiǔ	스지우
십만	十万	shíwàn	스완
십사(14)	十四	shísì	스쓰
십사일(14일)	十四号	shísìhào	스쓰하오
십삼(13)	十三	shísān	스싼
십오(15)	十五	shíwǔ	스우
십육(16)	十六	shíliù	스리우
십이(12)	十二	shí'èr	스얼
십이월(12월)	十二月	shí'èryuè	스얼위에
십일(10일)	十号	shíhào	스하오
십일일(11일)	十一号	shíyīhào	스이하오
십일월(11월)	十一月	shíyīyuè	스이위에
십칠(17)	十七	shíqī	스치
십팔(18)	十八	shíbā	스파
싱겁다, 연하다	淡, 软	dàn, ruǎn	딴, 루안
싱글	单身	dānshēn	딴션
싸다	便宜	piányi	피엔이
싸움(말)	吵架	chǎojià	차오지아
싸움(주먹싸움)	打架	dǎjià	다지아

부록

쓰다(맛)	苦	kǔ	쿠
쓰레기	垃圾	lājī	라지
아기	婴儿	yīng'ér	잉얼
아까	刚才	gāngcái	깡차이
아내	老婆	lǎopō	라오포
아니오	不是	búshì	부스
아들	儿子	érzi	얼쯔
아래	下边	xiàbiān	시아비엔
아이스크림	冰淇淋	bīngqílín	빙치린
아주 좋아합니다	很喜欢	hěnxǐhuan	흔시환
아직도	还是	háishi	하이스
아침	早上	zǎoshang	자오상
아침식사	早饭	zǎofàn	자오판
아프다	痛	tòng	통
아홉	九	jiǔ	지우
아홉 사람	九个人	jiǔgerén	지우거런
아홉시(9시)	九点	jiǔdiǎn	지우디엔
악기점	乐器店	yuèqìdiàn	위에치디엔
안개	雾	wù	우

안경	眼镜	yǎnjìng	이엔징
안내소	询问处	xúnwènchù	쉰원추
안녕히 가세요	慢走	mànzǒu	만저우
안약	眼药	yǎnyào	이엔야오
안전	安全	ānquán	안취엔
안전벨트	安全带	ānquándài	안취엔따이
안주	下酒菜	xiàjiǔcài	시아지우차이
앉다	坐	zuò	쭈어
애인	情人	qíngrén	칭런
야구	棒球	bàngqiú	빵치우
약	药	yào	야오
약국	药房	yàofáng	야오팡
약속	约定	yuēdìng	위에띵
약하다	弱	ruò	루어
약혼(남)녀	未婚(夫)妻	wèihūn(fū)qī	웨이훈(푸)치
얇다	薄	báo	바오
양말	袜子	wàzi	와쯔
양복	西服	xīfú	시푸
양산	伞	sǎn	산

부록

281

어느 것	哪个	nǎge	나거
어느 쪽	哪边	nǎbiān	나비엔
어둡다	暗	àn	안
어디에	在哪里	zàinǎli	짜이나리
어렵다	难	nán	난
어른, 성인	大人/成人	dàrén/chéngrén	따런/청런
어린이	孩子/小孩儿	háizi/xiǎoháir	하이쯔/시아오할
어젯밤	昨晚	zuówǎn	주어완
언제	什么时候	shénmeshíhou	선머스허우
언제든지, 언제나	什么时候都	shénmeshíhoudōu	선머스허우또우
얼굴	脸	liǎn	리엔
얼마	多少	duōshao	뚜어사오
얼마든지	多少都	duōshaodōu	뚜어사오또우
얼마예요?	多少钱	duōshaoqián	뚜어사오치엔
없다, 없습니다	没有	méiyǒu	메이여우
에스컬레이터	扶梯	fútī	푸티
에어컨	空调	kōngtiáo	콩티아오
엔지니어	工程师	gōngchéngshī	꽁청스
엘리베이터	电梯	diàntī	띠엔티

여관	旅馆	lǚguǎn	뤼관
여권	护照	hùzhào	후짜오
여기에	在这里	zàizhèlǐ	짜이쩌리
여덟	八	bā	빠
여덟 사람	八个人	bāgerén	빠거런
여덟시(8시)	八点	bādiǎn	빠디엔
여러 가지	多种	duōzhǒng	뚜어종
여름	夏天	xiàtiān	시아티엔
여보세요(전화)	喂	wéi	웨이
여섯	六	liù	리우
여섯 사람	六个人	liùgerén	리우거런
여섯시(6시)	六点	liùdiǎn	리우디엔
여성용	女人用	nǚrényòng	뉘런용
여자	女人	nǚrén	뉘런
여행	旅游	lǚyóu	뤼여우
여행가방	旅游包	lǚyóubāo	뤼여우빠오
여행사	旅游社	lǚyóushè	뤼여우서
기차역	火车站	huǒchēzhàn	후어처짠
연극	剧	jù	쥐

연예인	演员	yǎnyuán	이엔위엔
연중무휴	年中无休	niánzhōngwúxiū	니엔쫑우시우
열	十	shí	스
열 사람	十个人	shígerén	스거런
열시(10시)	十点	shídiǎn	스디엔
열다	开	kāi	카이
열두시(12시)	十二点	shí'èrdiǎn	스얼디엔
열쇠	钥匙	yàoshi	야오스
열쇠고리	钥匙链	yàoshiliàn	야오스리엔
열한시(11시)	十一点	shíyīdiǎn	스이디엔
염색	染	rǎn	란
영	零	líng	링
영사관	领事馆	lǐngshìguǎn	링스관
영수증	发票	fāpiào	파피아오
영어	英语	Yīngyǔ	잉위
영업	推销	tuīxiāo	투이시아오
영업사원	推销人员	tuīxiāorényuán	투이시아오런위엔
영화	电影	diànyǐng	띠엔잉
옆	旁边	pángbiān	팡비엔

예(대답)	是	shì	스
예쁜	漂亮	piàoliang	피아오량
예산	预算	yùsuàn	위수안
예약	预订	yùdìng	위딩
예약석	订座	dìngzuò	띵쭈어
예정이다	打算	dǎsuàn	다쑤안
오(5)	五	wǔ	우
오늘 밤	今晚	jīnwǎn	진완
오다	来	lái	라이
오락실	游戏厅	yóuxìtīng	여우시팅
오래되다	久	jiǔ	지우
오른쪽	右边	yòubiān	여우비엔
오십(50)	五十	wǔshí	우스
오월(5월)	五月	wǔyuè	우위에
오일(5일)	五号	wǔhào	우하오
오전	上午	shàngwǔ	상우
오페라	歌剧	gējù	끄어쥐
오후	下午	xiàwǔ	시아우
온천	温泉	wēnquán	원취엔

옮기다(이사)	搬	bān	빤
와인	葡萄酒	pútáojiǔ	푸타오지우
왕복	来回	láihuí	라이후이
왜	为什么	wèishénme	웨이선머
외출하다	出去	chūqù	추취
왼쪽	左边	zuǒbiān	주어비엔
요금	费用	fèiyòng	페이용
요즘	最近	zuìjìn	쭈이진
욕실	浴室	yùshì	위스
우산	雨伞	yǔsǎn	위산
우유	牛奶	niúnǎi	니우나이
우체국	邮局	yóujú	여우쥐
우체통	邮筒	yóutǒng	여우통
우표	邮票	yóupiào	여우피아오
운동선수	运动员	yùndòngyuán	윈동위엔
운전	开车	kāichē	카이처
운전수	司机	sījī	쓰지
웃다	笑	xiào	시아오
월경	月经	yuèjīng	위에징

월드컵	世界杯	shìjièbēi	스지에뻬이
월요일	星期一	xīngqīyī	씽치이
위, 위쪽	上边	shàngbiān	상비엔
위장약	胃药	wèiyào	웨이야오
위험(하다)	危险	wēixiǎn	웨이시엔
유명한	有名	yǒumíng	여우밍
유월(6월)	六月	liùyuè	리우위에
유행	流行	liúxíng	리우씽
육(6)	六	liù	리우
육십(60)	六十	liùshí	리우스
육일(6일)	六号	liùhào	리우하오
은행	银行	yínháng	인항
은행원	银行员	yínhángyuán	인항위엔
음료수	饮料	yǐnliào	인리아오
의사	医生	yīshēng	이셩
이(2)	二	èr	얼
이것	这个	zhège	쩌거
이겼다	赢了	yíngle	잉러
이르다	到达/抵达	dàodá/dǐdá	따오다/디다

이름∨입맞춤

이름	名字	míngzi	밍쯔
이발	理发	lǐfà	리파
이번 주	这个星期	zhègexīngqī	쩌거씽치
이번 달	这个月	zhègeyuè	쩌거위에
이분의 일(1/2)	二分之一	èrfēnzhīyī	얼펀즈이
이불	被子	bèizi	뻬이즈
이십(20)	二十	èrshí	얼스
이십사시간(24시간)	二十四小时	èrshísìxiǎoshí	얼스쓰시아오스
아닙니다	不是	búshì	부스
이십사일(24일)	二十四号	èrshísìhào	얼쓰쓰하오
이십일(20일)	二十号	èrshíhào	얼스하오
이용할 수 있다	可以用	kěyǐyòng	커이용
이월(2월)	二月	èryuè	얼위에
이일(2일)	二号	èrhào	얼하오
이쪽	这边	zhèbiān	쩌비엔
인기	声誉	shēngyù	성위
인사	打招呼	dǎzhāohu	다짜오후
인삼	人参	rénshēn	런산
인스턴트	及时品	jíshípǐn	지스핀

인터넷	因特网	yīntèwǎng	인터왕
인터뷰	采访	cǎifǎng	차이팡
인형	娃娃	wáwa	와와
일	一	yī	이
일곱	七	qī	치
일곱 사람	七个人	qīgerén	치거런
일곱시(7시)	七点	qīdiǎn	치디엔
일기예보	天气预报	tiānqìyùbào	티엔치위빠오
일본	日本	Rìběn	르번
일억(1억)	一亿	yíyì	이이
일요일	星期天	xīngqītiān	씽치티엔
일월(1월)	一月	yīyuè	이위에
일일(1일)	一号	yīhào	이하오
일출	日出	rìchū	르추
일회용	一次性的	yícìxìngde	이츠씽더
임신	怀孕	huáiyùn	화이원
입구	入口	rùkǒu	루커우
입국관리	入境管理	rùjìngguǎnlǐ	루징관리
입맞춤	接吻	jiēwěn	지에원

있다	有	yǒu	여우
자그마한	小小的	xiǎoxiǎode	시아오시아오더
자동판매기	自动售货机	zìdòngshòuhuòjī	쯔동서우후어지
자매	姐妹	jiěmèi	지에메이
자전거	自行车	zìxíngchē	쯔씽처
자주	常常	chángcháng	창창
작가	作家	zuòjiā	쭈어지아
작다	小	xiǎo	시아오
작성	制定	zhìdìng	즈딩
잘하다	干得好	gàndehǎo	깐더하오
잠시만 기다리세요	请稍等	qǐngshāoděng	칭사오덩
잡지	杂志	zázhì	자즈
잡화점	小百货店	xiǎobǎihuòdiàn	시아오바이후어디엔
장갑	手套	shǒutào	서우타오
장난감	玩具	wánjù	완쥐
재미있다	有意思	yǒuyìsi	여우이쓰
재판소	法院	fǎyuàn	파위엔
저것	那个	nàge	나거
저기에	那里	nàli	나리

저녁	晚上	wǎnshang	완상
저녁무렵	傍晚	bàngwǎn	빵완
저쪽	那里	nàli	나리
적당하다	适当/合适	shìdàng/héshì	스땅/허스
적당히	适当地	shìdàngde	스땅더
전기밥솥	电饭锅	diànfànguō	띠엔판구어
전람회	展览会	zhǎnlǎnhuì	잔란후이
전철	地铁	dìtiě	띠티에
전통	传统	chuántǒng	추안통
전화	电话	diànhuà	띠엔화
전화번호	电话号码	diànhuàhàomǎ	띠엔화하오마
절반의	一半的	yíbànde	이빤더
젊다	年轻	niánqīng	니엔칭
점	点	diǎn	디엔
점심	午饭	wǔfàn	우판
접시	碟子	diézi	디에쯔
젓가락	筷子	kuàizi	콰이쯔
정말입니다	真的	zhēnde	전더
정숙	安静	ānjìng	안징

부록

정오	中午	zhōngwǔ	쭝우
정류장	车站	chēzhàn	처짠
정차하다	停车	tíngchē	팅처
졌다	输了	shūle	수러
조미료	调料	tiáoliào	티아오리아오
좁다	窄	zhǎi	쟈이
종교	宗教	zōngjiào	쭝지아오
종이	纸	zhǐ	즈
좋다	好	hǎo	하오
주말	周末	zhōumò	져우모
주문하다	订	dìng	띵
주다	给	gěi	게이
주소	地址	dìzhǐ	디즈
주스	汁	zhī	즈
주유소	加油站	jiāyóuzhàn	지아여우잔
주의사항	注意事项	zhùyìshìxiàng	쭈이스시앙
준비중	准备中	zhǔnbèizhōng	준베이종
중국	中国	Zhōngguó	쭝구어
중국어	汉语	Hànyǔ	한위

중순	中旬	zhōngxún	쫑쉰
중앙(가운데)	中间	zhōngjiān	쫑지엔
중학교	中学生	zhōngxuéshēng	쫑쉬에성
즐겁다	高兴	gāoxìng	까오씽
지갑	钱包	qiánbāo	치엔빠오
지금	现在	xiànzài	시엔짜이
지난 주	上个星期	shànggexīngqī	상거씽치
지난 달	上个月	shànggeyuè	상거위에
지도	地图	dìtú	디투
지불	支付	zhīfù	즈푸
지인, 아는 사람	认识的人	rènshǐderén	런스더런
지정석	指定座	zhǐdìngzuò	즈딩쭈어
지지난 주	上上星期	shàngshàngxīngqī	상상씽치
지하철	地铁	dìtiě	디티에
직업	职业	zhíyè	즈이에
진통제	镇痛片	zhèntòngpiàn	쩐통피엔
짐	行李	xíngli	씽리
짜다	咸	xián	시엔
짧다	短	duǎn	두안

미니 한중 사전

차, 수레	车	chē	처
차갑다	冷/凉	lěng/liáng	렁/리앙
찾다	找	zhǎo	자오
책	书	shū	수
책임	责任	zérèn	저런
천(1,000)	一千	yìqiān	이치엔
천둥	雷	léi	레이
천둥번개	雷电	léidiàn	레이디엔
천만	千万	qiānwàn	치엔완
천천히	慢慢地	mànmàndi	만만디
첫차	首班车	shǒubānchē	서우반처
청구서	帐单	zhàngdān	짱단
초	秒	miǎo	미아오
초등학생	小学生	xiǎoxuéshēng	시아오쉐셩
초순,상순	上旬	shàngxún	상쉰
촬영금지	禁止摄影	jìnzhǐshèyǐng	진즈셔잉
최근, 최근에	最近	zuìjìn	쭈이진
최신곡	最新歌	zuìxīngē	쭈이씬꺼
추가요금	补加费	bǔjiāfèi	부지아페이

축구	足球	zúqiú	주치여우
출구	出口	chūkǒu	추커우
출발	出发	chūfā	추파
출입	出入	chūrù	추루
출장	出差	chūchāi	추차이
출판사	出版社	chūbǎnshè	추반셔
충전	充电	chōngdiàn	총디엔
취미	爱好	àihào	아이하오
취소하다	取消	qǔxiāo	취시아오
취재	采访	cǎifǎng	차이팡
치과의사	牙科医生	yákēyīshēng	야커이셩
치약	牙膏	yágāo	야까오
친구	朋友	péngyou	펑여우
칠(7)	七	qī	치
칠십(70)	七十	qīshí	치스
칠월(7월)	七月	qīyuè	치위에
칠일(7일)	七号	qīhào	치하오
칵테일	鸡尾酒	jīwěijiǔ	지웨이지우
캔맥주	听装啤酒	tīngzhuāngpíjiǔ	팅쭈앙피지우

부록

미니 한중 사전

커다란	巨大	jùdà	쥐다
커피	咖啡	kāfēi	카페이
커피숍	咖啡厅	kāfēitīng	카페이팅
콘서트	演唱会	yǎnchànghuì	이엔창후이
콘택트렌즈	隐形眼镜	yǐnxíngyǎnjìng	인씽이엔징
콜라	可乐	kělè	커러
크다	大	dà	따
크림, 프림	奶精	nǎijīng	나이징
큰소리로	大声	dàshēng	따성
큰일이 나다	出大事儿	chūdàshìr	추따설
타는 곳	上车点	shàngchēdiǎn	상처디엔
타다	上车	shàngchē	상처
탑승하다	登机	dēngjī	떵지
탈지면	药棉	yàomián	야오미엔
태풍	台风	táifēng	타이펑
택배	快递	kuàidì	콰이띠
택시	出租车	chūzūchē	추주처
택시승강장	出租车站	chūzūchēzhàn	추주처짠
테니스	网球	wǎngqiú	왕치우

테이프(음악)	磁带	cídài	츠따이
텔레비전	电视机	diànshìjī	디엔스지
토요일	星期六	xīngqīliù	씽치리우
통과	通过	tōngguò	통구어
통역	翻译	fānyì	판이
트렁크	箱子	xiāngzi	시앙쯔
트윈룸	双人房	shuāngrénfáng	수앙런팡
특산품	特产品	tèchǎnpǐn	터찬핀
팁	小费	xiǎofèi	시아오페이
파랗다	蓝	lán	란
판매	出卖	chūmài	추마이
팔(8)	八	bā	빠
팔십(80)	八十	bāshí	빠스
팔월(8월)	八月	bāyuè	빠위에
팔일(8일)	八号	bāhào	빠하오
팜플렛	介绍手册	jièshàoshǒucè	지에샤오셔우츠어
팩스	传真	chuánzhēn	추안쩐
퍼머	烫发	tàngfà	탕파
편도	单程	dānchéng	딴청

편의점	便利店	biànlìdiàn	비엔리디엔
편지지	信纸	xìnzhǐ	씬즈
평일	平日	píngrì	핑르
포도	葡萄	pútáo	푸타오
표	表格	biǎogé	비아오거
풀	胶水	jiāoshuǐ	지아오수이
품절	售完	shòuwán	서우완
프랑스요리	法国菜	Fǎguócài	파구어차이
프로그램	节目	jiémù	지에무
프론트	总台	zǒngtái	종타이
피	血	xuè	쉬에
하루	一天	yìtiān	이티엔
하반기	下半期	xiàbànqī	시아빤치
하순	下旬	xiàxún	시아쉰
하얗다	白	bái	바이
학교	学校	xuéxiào	쉐시아오
학생	学生	xuésheng	쉐성
한 개	一个	yíge	이거
한 병	一瓶	yìpíng	이핑

한 병 더	再来一瓶	zàiláiyìpíng	짜이라이이핑
한 사람	一个人	yígerén	이거런
한 시간	一个小时	yígexiǎoshí	이거시아오스
한 장	一张	yìzhāng	이쨩
한국	韩国	Hánguó	한구어
한국어	韩语	Hányǔ	한위
한국요리(한식)	韩国菜	Hánguócài	한구어차이
한밤중	深更半夜	shēngēngbànyè	션껑빤예
한시(1시)	一点	yìdiǎn	이디엔
할인	优惠	yōuhuì	여우후이
항공편	航班	hángbān	항빤
항상	经常	jīngcháng	징창
해변	海边	hǎibiān	하이비엔
현관	大门	dàmén	따먼
현금	现金	xiànjīn	시엔진
혈액형	血型	xuèxíng	쉐씽
형제	兄弟	xiōngdì	시옹띠
호텔	饭店	fàndiàn	판디엔
혼자서	单独	dāndú	딴두

부록

미니 한중 사전

홍차	红茶	hóngchá	홍차
화요일	星期二	xīngqī'èr	씽치얼
화장실	卫生间	wèishēngjiān	웨이성지엔
화장품	化妆品	huàzhuāngpǐn	화쭈앙핀
화제	话题	huàtí	화티
환불	退钱	tuìqián	투이치엔
환전	换钱	huànqián	환치엔
활발하다	活泼	huópo	후어포
회	生鱼片	shēngyúpiàn	성위피엔
회의장	会议场	huìyìchǎng	후이이창
횡단보도	人行横道	rénxínghéngdào	런씽헝따오
후불	后付	hòufù	허우푸
후추가루	胡椒粉	hújiāofěn	후지아오펀
훌륭하다	优秀	yōuxiù	여우시우
훨씬	更	gèng	껑
휴가	休假	xiūjià	시우지아
휴일	休息日	xiūxirì	시우시르
휴지통	垃圾筒	lājītǒng	라지통
흡연석	吸烟席	xīyānxí	시이엔시